消防员
体能训练理论与实践

XIAOFANGYUAN
TINENG XUNLIAN LILUN YU SHIJIAN

刘峰　编著

内容简介

本书对体能相关概念及体能训练的运动学基础进行了概述;分析了消防员体能训练的现状特点,详细介绍了如何对消防员进行体能测试和评估、体能训练前后的热身和放松、心肺能力、肌力、爆发力、速度、灵敏等身体素质训练方法、消防员的负重体能训练、消防员运动损伤防治、体能训练与营养供给的关系以及对消防员体能训练计划的制订建议。

本书文字简洁、图文并茂、通俗易懂,适合于消防救援队伍等人员阅读使用,也可作为消防相关专业的辅助教材,可在一定程度上提升消防人员体能及训练水平。

图书在版编目(CIP)数据

消防员体能训练理论与实践/刘峰编著. —北京:化学工业出版社,2020.8(2023.9重印)
ISBN 978-7-122-37573-5

Ⅰ.①消⋯　Ⅱ.①刘⋯　Ⅲ.①消防-训练-教材　Ⅳ.①D631.6

中国版本图书馆CIP数据核字(2020)第154195号

责任编辑:张双进　　　　　　　　　文字编辑:王　芳
责任校对:宋　夏　　　　　　　　　装帧设计:王晓宇

出版发行:化学工业出版社(北京市东城区青年湖南街13号　邮政编码100011)
印　　装:天津图文方嘉印刷有限公司
710mm×1000mm　1/16　印张16½　字数287千字　2023年9月北京第1版第4次印刷

购书咨询:010-64518888　　　　　售后服务:010-64518899
网　　址:http://www.cip.com.cn
凡购买本书,如有缺损质量问题,本社销售中心负责调换。

定　　价:78.00元　　　　　　　　　　　　　　　版权所有　违者必究

前言

体能是身体的能力,是各类人群维持健康的基础,是各种职业进行工作的前提,是竞技运动挑战极限的保障。在运动科学领域,体能及体能训练始终是研究热点。

消防员体能训练是消防救援队伍的重要任务,灭火救援任务的艰巨性决定着消防职业人员重体力活动者的职业特性。因此,消防员的体能,除了健康体能和竞技运动体能所包含的内容之外,还需要结合消防员的工作环境和工作状态,更多地考虑与职业特性相关的体能需求;消防员的体能,应具备良好的力量、速度、耐力、灵敏和柔韧性等身体素质,能适应在复杂、多变和危险的环境中进行灭火战斗的需要,以最短的时间、最快的速度去完成任务,能适应长时间灭火和大负荷量的救人、抢救物资的需要,能够在任何复杂环境中坚持灭火战斗,避免个人伤害,具备良好的适应自然环境的能力,能在严寒、酷暑以及风、雨、雪等气候条件下进行灭火战斗。这些能力及条件对消防员体能提出了更高的要求。

近年来,运动科学领域体能相关认知及训练方法发展日新月异,科学化训练理念日益更新,包括体能的内涵,体能训练的意义,不同运动项目神经、骨骼、肌肉等系统的发展与工作特点对运动素质的影响,体能与技能、战能、心能、知能的关系,速度、力量、耐力等各种素质的训练方法,体能的训练计划、监测手段与评价,体能在负荷影响下产生疲劳后的恢复等。

为了能够将这些知识进行传播和应用,规范化、科学化消防员体能训练,学习借鉴运动科学的宝贵经验,本书结合消防职业特性,以消防员的角度阐述体能及其训练,第一、二章对体能相关概念及体能训练的运动学基础进行概述;第三、四章分析消防员体能训练的现状特点,以及如何对消防员进行体能测试和评估;第五、六章详细介绍体能训练前后的热身和放松;第七、八、九章是心肺能力、肌力、爆发力、速度、灵敏等身体素质训练方法;第十章是针对消防员职业任务的负重体能训练;第十一章对各类消防员常见运动损伤的防治进行了阐述;第十二章介绍了体能训练与营养供给的关系;第十三章是对消防员体能训练计划的制订建议。

希望本书能为消防员寻求科学化、标准化体能训练提供帮助。无论是消防员,还是军警职业等特种行业从业人员,本书中的原则都可以作为参考,从中获取职业体能训练的原则方法、设计和实施安全有效的体能训练计划。

由于作者水平有限，书中难免有不妥之处，敬请读者批评指正。本书查阅了大量国内外体能训练方面的最新研究成果，尤其是特种行业领域，对这些同行专家的辛勤工作表达由衷的敬意，同时，本书的出版也得到了中国人民警察大学和化学工业出版社的大力支持，一并表示感谢。

编著者

2020 年 7 月

Contents 目录

第一章 体能训练简介 — 001

第一节 体能概述 / 002
一、体能的概念 / 002
二、体能的分类 / 003
第二节 体能训练对人体的影响 / 004
一、对心血管系统的影响 / 004
二、对呼吸系统的影响 / 005
三、对神经系统的影响 / 005
四、对骨骼肌肉的影响 / 006

第二章 体能训练运动学基础 — 007

第一节 运动系统 / 008
一、骨骼 / 008
二、关节 / 009
三、骨骼肌 / 011
第二节 心肺系统 / 014
一、摄氧量 / 015
二、代谢当量 / 015
三、心率 / 016
四、心输出量 / 017
五、肺活量 / 017
六、肺通气量 / 017
第三节 供能系统 / 018
一、三大供能系统 / 018
二、供能系统与运动的关系 / 019

第三章 消防员体能训练分析 — 021

第一节 消防工作任务与体能训练 / 023
一、生理需求 / 023
二、生物力学需求 / 024
三、负重需求 / 026
四、职业激励 / 027
第二节 消防作业环境与体能 / 028
一、热刺激 / 028
二、复杂地形 / 029
三、昼夜节律紊乱 / 030
第三节 伤病影响 / 031

Contents 目录

第四章 消防员体能测试与评估 033

第一节 测试内容与方法 / 034
- 一、基础体能测试 / 034
- 二、职业能力适应测试 / 037
- 三、基础体能测试与职业能力适应测试的关系 / 039
- 四、测试效度和信度 / 039
- 五、备选测试 / 040

第二节 测试程序 / 040
- 一、测试要求 / 040
- 二、安全事项 / 042
- 三、测试频率 / 043

第三节 测试结果的评估 / 043
- 一、记录结果 / 044
- 二、评价常模 / 044

第四节 测试结果的应用 / 045
- 一、完善训练方案 / 046
- 二、优化运动表现 / 046
- 三、目标指引 / 046

第五章 热身运动 048

第一节 拉伸与运动表现 / 049
- 一、静态拉伸 / 050
- 二、动态拉伸 / 050

第二节 动态热身方案 / 052
- 一、制定目标计划 / 053
- 二、动态热身练习 / 053
- 三、伟大拉伸 / 063

第六章 再生恢复训练 067

第一节 整理活动 / 069
- 一、静态拉伸 / 069
- 二、PNF拉伸 / 077

第二节 按摩与肌筋膜放松 / 081
- 一、按摩放松的方法 / 081
- 二、肌筋膜释放 / 082
- 三、扳机点松解 / 087

第三节 放松训练 / 088
- 一、放松训练的原则 / 088
- 二、放松训练的方式 / 089

第七章 有氧耐力训练 091

第一节 训练提示 / 092
- 一、热身 / 092
- 二、着装 / 092
- 三、职业因素 / 093

第二节 有氧耐力训练的类型方法 / 094
- 一、器械式有氧耐力训练 / 094

二、室外有氧耐力训练 / 099
第三节　有氧耐力训练的频率、强度和持续时间 / 101
一、训练频率 / 101
二、训练强度 / 102
三、训练持续时间 / 104
第四节　有氧耐力训练模式 / 104
一、长距离慢跑训练模式 / 104
二、配速训练模式 / 105

三、间歇训练模式 / 106
四、冲刺训练模式 / 108
五、有氧耐力训练模式建议 / 108
第五节　有氧耐力训练的计划 / 109
一、训练模式的选择 / 109
二、训练强度的界定 / 110
三、训练与休息 / 110
四、循序渐进 / 110

第八章 抗阻训练　112

第一节　训练提示 / 113
一、热身 / 113
二、呼吸 / 113
三、职业因素 / 114
四、预防损伤 / 114
第二节　抗阻训练的身体适应 / 115
第三节　抗阻训练要素 / 117
一、训练类型 / 117
二、训练单元及顺序 / 123

三、训练强度 / 125
第四节　抗阻训练的动作方法 / 130
一、身体重量动作 / 130
二、自由重量动作 / 137
第五节　抗阻训练的计划 / 147
一、训练目标 / 147
二、训练条件 / 148
三、训练实施考量 / 149

第九章 爆发力、速度和灵敏性训练　151

第一节　爆发力训练 / 152
一、爆发力训练形式 / 152
二、快速伸缩复合训练动作 / 153
三、训练实施 / 165
第二节　速度训练 / 168
一、跑步技巧 / 168

二、速度训练动作 / 170
三、训练实施 / 176
第三节　灵敏性训练 / 178
一、灵敏性训练类型 / 179
二、灵敏性训练动作 / 179
三、训练实施 / 182

第十章 消防员负重训练　184

第一节　消防任务与负重 / 185

一、负重由来 / 185

二、消防任务分析 / 186
三、负重对运动系统的影响 / 188
第二节 负重的生理学需求 / 189
一、负重与有氧能力 / 189
二、负重与能量消耗 / 189
三、负重与常见损伤 / 191
第三节 负重训练计划 / 193
一、了解负重重量 / 193
二、符合职业需求 / 194
三、负重训练计划建议 / 196

第十一章
消防员运动损伤防治　198

第一节 常见运动损伤 / 199
一、运动损伤概况 / 199
二、运动损伤防治措施 / 202
三、过度训练综合征防治 / 205
第二节 运动损伤康复的实施策略 / 207
一、康复目标 / 208
二、功能性评估 / 209
三、跨专业协作 / 210
第三节 运动损伤康复的训练方法 / 210
一、损伤部位的康复动作 / 211
二、心肺耐力与康复 / 225

第十二章
消防员营养策略　228

第一节 营养基本概念 / 229
一、能量代谢 / 229
二、宏量营养素与水 / 230
三、微量营养素 / 232
第二节 消防员营养需求 / 234
一、碳水化合物需求 / 235
二、蛋白质需求 / 236
三、脂肪需求 / 236
四、水的需求 / 237

第十三章
消防员体能训练计划　239

第一节 消防员体能训练原则及注意事项 / 240
一、训练原则 / 240
二、注意事项 / 241
第二节 体能需求与评估 / 242
第三节 训练计划要素 / 244
一、训练目标 / 245
二、训练科目 / 245
三、训练和休息周期 / 246
四、训练进度 / 246
五、伤病风险 / 247
第四节 消防员体能训练计划制订 / 248
一、体能训练方案 / 249
二、体能训练保障 / 251

参考文献　254

第一章
体能训练简介

第一节
体能概述

一、体能的概念

人类社会发展到今天,无论各行各业,抑或是各类人群,其生产生活、工作活动的表现形式都是以各种运动为基础的,正所谓"生命在于运动"。自我们出生来到世上,就开始了各种运动行为的学习,并且伴随我们终生。人体进行各类运动必须具备相应的身体能力,称之为"体能",良好的体能是维持高质量生命状态的保障,是提升竞技类运动项目动作表现的基石,是特种职业人群如消防员完成各类事故救援的支撑。随着运动科学的迅猛发展,各国运动领域的专家对体能的认识也不尽相同,本节将对"体能"一词的含义进行探讨。

由于各国体育运动界对体能的研究视角不同,以及语言及文化传统的差异性,导致体能还没有形成统一的概念,但对体能研究的核心内容基本一致。从广义上讲,体能是指人体适应外界环境的能力,德国人将之称为工作能力,法国人称之为身体适性,日本人称之为体力,中国港澳台地区学者将之称为"体适能"。

1984年由上海辞书出版社出版的《体育词典》认为,体能是人体各器官系统机能在体育活动中表现出来的能力,包括力量、速度、灵敏、耐力和柔韧等基本身体素质与人体的基本活动能力(如走、跑、跳、投掷、攀登、爬越和支撑等)两部分。

1992年由人民体育出版社出版的《教练员训练指南》认为,运动素质又称体能,它是指练习者机体在运动时所表现出来的能力。体能包括力量、速度、耐力、柔韧和灵敏。

2000年由山东大学出版社出版的全国体育院校通用教材《运动训练学》认为,体能是指练习者机体的基本运动能力,是练习者竞技能力的重要构成部分。体能是由身体形态、身体机能和运动素质组成。

很长一段时间内,我国对体能的研究局限于竞技运动领域,鲜有涉及其他人群,对体能的定义经常用身体素质这一概念来代替。随着社会发展和体育科学研究的不断深入,尤其是20世纪90年代末以来,我国学者对体能的含义逐渐统一。

体能是人体各器官系统在日常活动、职业工作和体育运动中表现出来的力量、速度、耐力、协调、柔韧、灵敏等身体能力，这些能力与人体的形态学特征以及人体的机能特征有着密切的相关，人体的形态学特征是体能的质构性基础，人体的机能特征是体能的生物功能性基础。从这个概念可以看出，体能研究除了竞技运动外也将相关人群的日常和职业活动纳入了进来。

二、体能的分类

体能研究的核心内容包括身体形态、身体机能以及运动素质，不同人群对体能的需求也有所不同，结合体能的概念，本书将体能分为健康体能、竞技体能和职业体能。

1. 健康体能

健康体能是为促进健康、预防疾病和增进日常生活工作效率所需的体能，以增进健康和提高基本活动能力为目标。健康体能要素如表1.1所示。

表1.1 健康体能要素

要素	含 义
心肺耐力	心、肺及循环系统能够有效地为肌肉提供足够的氧气及养分，并且带走留在肌肉中的废物的能力
肌力与肌耐力	肌肉系统能够有效工作的能力，如：保持身体姿势、甚至快跑等
身体成分	身体瘦体重与身体脂肪相对比例
柔韧性	身体各关节能有效地活动到最大范围的能力
神经肌肉松弛	指减少或消除肌肉不必要的紧张和精神或心理压力的能力

2. 竞技体能

竞技运动体能以追求在竞技比赛中创造优异运动成绩所需体能为目标，是练习者为提高运动技术水平和创造优异运动成绩所必需的身体各种运动能力的总称。竞技运动体能要素除了包含健康体能要素之外，还有一些身体素质类要素，如表1.2所示。

3. 职业体能

职业体能是与工作相关，通常这类工作有一定的特殊性，如消防员，该职业特性要求从业人员需要具备在不良条件下或突发事件中进行工作所需的体能，是身体对外界刺激或外界环境适应过程所表现出来的综合能力，与人的运动能力有关，与人体适应能力有关，与人的心理因素有关。职业体能要素与竞技运动体能要素相仿，但其更强调功能性，有明显的职业特性。

表 1.2　竞技体能要素

要素	含　义
心肺耐力	心、肺及循环系统能够有效地为肌肉提供足够的氧气及养分，并且带走留在肌肉中的废物的能力
肌力与肌耐力	前者是全力作阻力运动的能力，后者是长期肌肉重复收缩的能力
身体成分	身体瘦体重与身体脂肪相对比例
柔韧性	身体各关节、肌肉能有效地活动到最大范围的能力
神经肌肉松弛	指减少或消除肌肉不必要的紧张和精神压力的能力
爆发力	它被定义为力乘以距离除以时间，指肌肉瞬间做功的能力
灵敏性	大小肌肉群的可操作性与协调性
平衡性	指运动中保持平衡的能力

第二节

体能训练对人体的影响

体能训练中，适宜的运动负荷和心理负荷对人体的刺激，会使机体各组织、器官、系统及心理产生一系列的适宜性变化。这些变化不仅能有效增强生理功能，而且对于人的心理健康具有积极的促进作用，从而提高人的生命质量。

一、对心血管系统的影响

人体的心脏、血管、血液三部分组成了心血管系统，担负着人体代谢的运输任务。经常进行体能训练有利于心脏功能的改善和提高，主要表现在以下几个方面。

1. 心脏运动性肥大（心肌营养性粗壮）

经常参加体能训练的人，可使心肌壁增厚，心肌力增强，心脏体积和容积增大。因为心壁较厚而有力，每搏输出量就多，所以，练习者的心脏体积较一般人大，这种现象称为"心脏运动性肥大"或"心脏营养性肥大"。

2. 安静时心跳频率减慢

经常训练的人，由于心肌收缩强而有力，每搏输出量多，因而安静时心跳频率比一般人慢。一般人每分钟心跳 70～80 次，经常参加体能训练的人可减至每分钟 50～60 次，优秀练习者更慢，每分钟 30～40 次。安静时心跳减慢，使心肌获得更多休息时间，从而使心脏有更大的储备力。

3. 心脏工作的"节省化"

进行轻度运动时，在运动量相同的情况下，经常参加体能训练的人，心跳频率和血压变化幅度比一般人小，不易疲劳，而且恢复也较快。由于体能训练使血管保持很好的弹性，在剧烈运动时，训练有素的练习者，心跳每分钟可高达 200～220 次，这是一般人做不到的。这样就使心脏具备了承担紧张工作的潜在能力，一旦需要就可以承担大强度工作。可见，频率低而有力的心脏搏动不易疲劳，安静时心率低，一般活动时心率升高少，紧张活动时心率升高很多，活动后心率能较快恢复到安静状态，这是心脏工作"节省化"现象，是身体训练给有机体带来的好处。

二、对呼吸系统的影响

呼吸系统由呼吸道（包括鼻、喉、气管、支气管）和肺组成。其中肺是气体的交换场所，呼吸道是气体交换的通道。体能训练可以促进呼吸系统的健全和完善，使其结构和机能发生良好的变化，同时可保持肺组织弹性，改进胸廓活动度，加深呼吸深度，增大肺活量，提高呼吸系统的通气和换气功能。体能训练时，由于需氧量增加，促使大部分肺泡充分张开，对肺泡弹性的保持及改善十分有益，有助于预防肺气肿疾病的发生。

三、对神经系统的影响

神经系统包括中枢神经系统和周围神经系统，是人体生理活动和思维活动的物质基础，其基本功能是整合。整合是指中枢神经系统将来自各个方面的刺激经过协调、加工、处理得出一个完整的活动，做出适应性反应。包括协调作用和做出完整的适应性反应两个方面。

人体中枢神经系统的活动有兴奋、抑制两个过程，两者相互影响，相互加强。人的一切功能都是兴奋、抑制的不同表现形式。脑力劳动的分析、思维、推理、综合都是在大脑兴奋中进行的长时间的学习、单调的刺激会使大脑皮层产生疲劳进入抑制状态，此时学习效率下降，如不及时调节将会导致疲劳过度，产生神经衰弱，严重影响身体健康。

休息可以调节大脑皮层的兴奋和抑制，而体能训练是最积极有效的休息方式。在训练时，神经系统抑制转为兴奋，兴奋的神经系统促进了机体的代谢功能，改善供能和供氧，缓解了神经系统和机体的疲劳。体育运动时中枢神经系统加紧工作，要对场上的复杂变化做出协调反应，这对神经系统是极好的训练。

四、对骨骼肌肉的影响

骨骼是人体的支架，是人体最结实的器官。经常参加体能训练能使骨骼发生良好的变化；肌肉附着处的骨突增大，骨密质增厚，骨松质的骨小梁增粗，而且排列的更规则、更整齐。因此，骨骼变的粗大、坚实、更为坚固，能担负更大的负荷和完成更大的运动练习和体力劳动。

人体骨与骨联结能活动的地方叫关节。关节周围有关节囊，被韧带和肌肉包围着，韧带能加固关节。经常参加体能训练，能使关节囊、韧带、肌腱增厚和加强，伸展性、弹性增强，关节活动范围增大，灵活又牢固。

肌肉是人体运动的动力器官，人们的坐立、行走、谈话、写字、喜怒哀乐的表情，乃至进行各种各样的工作劳动、运动等，无一不是肌肉活动的结果。体能训练可以使肌肉在增加力量的同时具备健美的外观。

小结

> 本章介绍了体能的概念、分类和体能训练对身体的影响，是对体能的基础性认知，同时在体能的分类中特别指出了针对消防职业的职业体能，对体能及其训练的正确认识可以为消防员进行日常训练奠定正确的理论基础。

第二章
体能训练运动学基础

第一节

运动系统

运动系统由骨、关节和骨骼肌三种器官组成。骨以不同形式联结在一起，构成骨骼，形成了人体的基本形态，并为肌肉提供附着，在神经支配下，肌肉收缩，牵拉其所附着的骨，以可动的骨连结为枢纽，产生杠杆运动。

运动系统主要的功能是运动，简单的移位和高级活动如语言、书写等，都是由骨、骨联结和骨骼肌实现的。运动系统的第二个功能是支持，构成人体基本形态，头、颈、胸、腹、四肢，维持体姿。运动系统的第三个功能是保护，由骨、骨联结和骨骼肌形成了多个体腔：颅腔、胸腔、腹腔和盆腔，保护脏器。

从运动角度看，骨是被动部分，骨骼肌是动力部分，关节是运动的枢纽。能在体表看到或摸到的一些骨的突起或肌的隆起，称为体表标志。它们对于定位体内的器官、结构等具有标志性意义。

一、骨骼

骨是以骨组织为主体构成的器官，是在结缔组织或软骨基础上经过较长时间的发育过程（骨化）形成的。

1. 骨骼的组成

成年人的骨骼共 206 块，包括 29 块颅骨、51 块躯干骨、64 块上肢骨和 62 块下肢骨，如表 2.1 所示。

表 2.1　骨的组成结构

骨的名称	组成及数量	骨的名称	组成及数量
颅骨	脑颅骨 8 块	躯干骨	胸骨 1 块
	面颅骨 14 块		肋骨 24 块
	舌骨 1 块	上肢骨	64 块
	听小骨 6 块	下肢骨	62 块
躯干骨	椎骨 26 块	合计	206 块

2. 骨骼的功能

骨骼在人体功能中扮演着重要角色，如表 2.2 所示。

表 2.2 骨的功能

骨的功能	含 义
保护	保护内脏、脑、脊髓、眼球等柔软的内脏及器官
支撑	形成支架，构成身体外型，如：椎骨及下肢骨有支撑体重的作用
储存	储藏钙、磷等无机物与无机盐类，在必要时释放于血中
造血	骨内红骨髓造血作用旺盛
杠杆	骨为多数肌肉的附着点，在人体的活动中发挥着杠杆的作用

3. 骨骼的类别

骨骼按其形状可分为四类：长骨、短骨、扁平骨和不规则骨，其类别和作用如表 2.3 所示。

表 2.3 骨骼的类别和作用

类 别	作 用	举 例
长骨	杠杆	肱骨、股骨
短骨	力量及容易位移	腕骨、踝骨
扁平骨	保护内脏	盆骨、胸骨、肋骨、头骨
不规则骨	支持身体	脊椎、耻骨、尾椎骨

二、关节

骨与骨之间的联结称骨联结，骨联结又分为直接联结和间接联结，关节是间接联结的一种形式。

1. 关节分类

根据联结组织的性质和活动情况，可将关节分为不动关节、微动关节和活动关节三类。

（1）**不动关节** 两骨之间以结缔组织相联结，中间没有任何缝隙，又叫无腔隙联结。如颅骨的冠状缝合、前臂骨和小腿骨之间的韧带联合，椎骨之间的软骨结合以及坐骨、耻骨和髂骨之间的骨性结合等。

（2）**微动关节** 微动关节是活动关节和不动关节之间的过渡联结方式。其特点是两骨之间以软骨组织直接相联结，软骨内有呈裂缝状的腔隙，活动范围很小，如耻骨联合。

（3）**活动关节** 相邻骨之间的联结组织中有腔隙的联结，又叫有腔隙骨联结，通常称关节。人体绝大部分骨联结属于此种类型，共有 200 多个，如肩关节、肘关节、腕关节、髋关节、膝关节、踝关节等。它们是骨转动的枢纽（即支点或支轴）。

运动或搬运重物时，应多用活动关节，避免微动关节。尽量利用较大和有力的关节，如手提重物时，尽量不用手指，而用手臂和肘关节。需要做支撑动作时，不要单用手指，而要以手掌来支撑。肢体的小关节，如手指关节一般比较脆弱，韧带的力量较弱，使用不当，容易受损伤与变形。

2. 关节结构

以活动关节为例，一般由关节面、关节囊和关节腔三部分构成。关节面是两个以上相邻骨的接触面，一个略凸，叫关节头，另一个略凹，叫关节窝。关节面上覆盖着一层光滑的软骨，可减少运动时的摩擦，软骨有弹性，还能减缓运动时的震动和冲击。关节囊是很坚韧的一种结缔组织，把相邻两骨牢固地联系起来。关节囊外层为纤维层，内层为滑膜层，滑膜层可分泌滑液，减少运动时的摩擦。关节腔是关节软骨和关节囊围成的狭窄间隙，正常时只含有少许滑液。

有些关节还有一些辅助结构：如韧带是连结骨与骨之间的结缔组织束，成为关节囊的增厚部分，可加强骨连结的稳固性；关节盘或关节半月板是位于两关节面之间的纤维软骨，能使两骨关节面的形状相互适应，减少运动时的冲击，有利于关节的活动。

3. 关节的运动形式

描述人体结构时，应以"人体的标准解剖学姿势"为标准，在这个标准姿势上人体可设计互相垂直的 3 种轴，即垂直轴、矢状轴和额状轴。分 3 个面，即矢状面（正中面）、冠状面和水平面，如图 2.1 所示。

关节在肌肉的牵引下，基于这些轴和面，可做各种运动，其运动形式如表 2.4、图 2.2 所示。

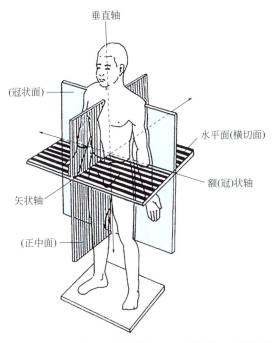

图 2.1　人体的标准解剖学姿势和三个基本面、三个基本轴

表 2.4　关节的运动形式

运动形式	运动轴面	含　义
屈曲	关节绕冠状轴在矢状面内运动	相连两骨之间的角度减小
伸展		相连两骨之间的角度增大
内收	关节绕矢状轴在冠状面内运动	肢体向正中矢状面靠拢
外展		肢体离开正中矢状面
内旋	关节绕垂直轴在水平面内运动	肢体的前面转向内侧
外旋		肢体的前面转向外侧
环转	骨近端在原位转动，远端做圆周运动	屈、伸、收、展的圆锥形复合运动

三、骨骼肌

人体肌肉组织可分为三种，分别是平滑肌、心肌和骨骼肌。心肌及平滑肌可称为不随意肌；骨骼肌可称为随意肌。骨骼肌遍布全身，约占成年人体重的40%，是主导身体完成各种动作的关键。骨骼肌有四个特征，包括：兴奋性，对电刺激产生反应的能力；收缩性，缩短肌肉产生力量的能力；延展性，可延展

至超出本来长度的能力；弹性，被延展后能恢复至原先正常长度的能力。

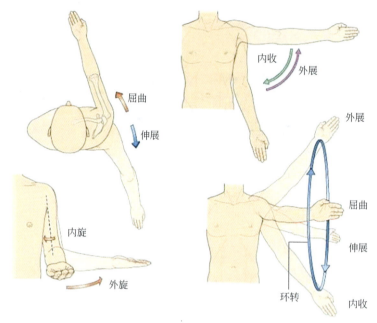

图 2.2　关节的运动形式

1. 骨骼肌结构类型

骨骼肌按其基本构成和特点可分为三类：慢缩红肌（Ⅰ类）、快缩红肌（Ⅱ类 a）和快缩白肌（Ⅱ类 b）。

（1）Ⅰ类骨骼肌纤维　Ⅰ类骨骼肌纤维通常在耐力性运动中发挥重要的作用。这类纤维通常称为慢肌纤维，具有很高的有氧能力与抗疲劳能力，主要的能量来源是脂肪，但是，其糖酵解（无氧）能力差、收缩速度慢、运动单位肌力较低，属于低强度、长时间运动的肌肉类型。慢肌纤维富含肌红蛋白，呈红色，故也称慢缩红肌；肌红蛋白是指肌肉中储存并输送氧气的含铁蛋白。慢肌纤维在运动时收缩较慢，爆发力不强，但持久性好。

（2）Ⅱ类骨骼肌纤维　Ⅱ类骨骼肌纤维可以分成两类：Ⅱ类 a（快缩红肌）和Ⅱ类 b（快缩白肌）。这类纤维主要在力量性活动和爆发力活动中发挥作用。Ⅱ类 a 纤维富含肌红蛋白，所以颜色略呈红色，称快缩红肌。它位于快肌纤维和慢肌纤维之间，虽然比慢肌纤维快，但不适合耐力性运动。Ⅱ类 b 纤维才是真正意义上的快肌纤维，它含较多的肌原纤维，肌红蛋白和细胞色素较少，也被称为"白"肌。它在运动时收缩的速度快而有力，爆发力强，但持久力较差。

快缩白肌具有最高的糖酵解（无氧）能力，但是，在有氧能力方面较差，属于高强度、短时间运动的肌肉类型。Ⅱ类b纤维容易使乳酸堆积，如果不注重恢复，最终会导致肌体疲劳。

人体内的快肌纤维和慢肌纤维的数量自出生以来就已注定，所有骨骼肌内都含有这三种纤维。但是，这些纤维的具体分布却因人而异。体能训练可以转换肌肉纤维类型，可以通过耐力训练和力量训练提升快肌纤维和慢肌纤维的代谢能力。

2. 骨骼肌动作类型

骨骼肌收缩有三种类型，分别是向心收缩、离心收缩和等长收缩，通过这三种收缩肌肉才有了力量的产生。

（1）**向心收缩** 第一种类型为向心收缩，发生于肌肉对抗外部负荷时，本身收缩力量大于外来力量，因而造成肌肉向中心移动缩短，这种缩短状态下的肌肉收缩称为向心收缩。

（2）**离心收缩** 第二种类型为离心收缩，当外部负荷的阻力大于肌肉收缩的力量时，肌肉在施力过程中是被拉长而不是缩短，这样被拉长状态下的肌肉收缩被称为离心收缩。

（3）**等长收缩** 如果肌肉收缩的力量与外来的阻力相等时，即肌肉为对抗外力而处于相对长度不变的状态，称为等长收缩。这意味着肌肉虽然收缩，但长度维持不变。

三种收缩类型都常被使用于抗阻力量训练当中。例如，使用哑铃进行肱二头肌力量训练时，哑铃从起始位置往上移动向肩膀方向，肘关节屈曲，肱二头肌处于向心收缩状态；当哑铃慢慢降回（肱二头肌持续用力）至起始的位置时，肘关节则因外力较大伸展，肱二头肌拉长称为离心收缩；当哑铃处于较低位置，肱二头肌保持相对收缩状态不动称为等长收缩。

此外，肌肉的工作过程中，总会伴随着主动肌（原动肌）的收缩和对抗肌（拮抗肌）的松弛。如完成屈肘动作中，肱二头肌和肱肌作为主动肌收缩，位于它们相反一侧的肱三头肌作为对抗肌同时松弛和伸长。主动肌和对抗肌在形式上是对立的，但对环绕关节运动的功能是统一协调的。任何动作都需要主动肌的收缩发动，同时也必须有对抗肌的适当松弛、伸长相配合。在快速运动中，对抗肌通常在动作结束时瞬间收缩，以防止主动肌运动过度。从这个意义上说对抗肌的协调放松是主动肌完成某个动作所必不可少的条件，而拮抗肌的及时收缩也是准确完成某个动作的保证。练习各种动作时，初学者往往由于对抗肌不能协调放松而影响动作的正确完成。因此，抗阻练习计划一定要注意平衡发展，绝不能顾此失彼。

3. 人体主要肌群

身体活动时，骨骼肌大多以肌群的方式来执行动作，而不是由单一肌肉独立运作。人体有 13 个主要肌群负责完成各个动作，如表 2.5 所示。

表 2.5 人体主要肌群

序号	肌群	位置及功能
1	二头肌群	位于上臂前侧，功能是使肘关节屈曲，主要的肌肉有肱二头肌与肱肌
2	肱三头肌	位在上臂后侧，功能是当连结肱骨的外侧、内侧头与连结肩胛骨的长头收缩时会带动手臂伸直
3	三角肌群	位在肩关节的上方，共有三个起点包括前三角、后三角及中三角
4	斜方肌	从脊椎中段跨越到头颅底部，主要的功能是带动肩胛骨
5	胸肌	包括胸大肌和胸小肌；胸大肌功能是协助上臂执行屈曲、外展及旋转的动作；胸小肌则是协助执行肩胛骨稳定
6	阔背肌与菱形肌	位于背部中段，阔背肌功能是执行双臂向下拉往骨盆；大小菱形肌则负责将背部两侧肩胛骨向中间的脊柱集中
7	腹肌	位于胃部与脊柱弯曲处，功能是使脊椎屈曲，腹部肌群中主要的肌肉有腹直肌和腹横肌
8	腹斜肌	由肋骨向下延伸到身体两侧，包括深层的腹内斜肌和浅层腹外斜肌；呼气时，腹内斜肌收缩使胸腔变小；吸气时，腹外斜肌收缩使肋骨上升、扩张胸腔
9	竖脊肌	位于下背，功能是使脊椎伸展，主要肌肉包括髂肋肌、最长肌和棘肌
10	臀肌	功能是髋关节伸展、外展与旋转的动作，主要肌肉包括臀大肌、臀中肌与臀小肌
11	股四头肌	位于大腿前侧的大肌群，功能是伸展膝关节使小腿伸直。股四头肌包括股直肌、骨外侧肌、骨内侧肌和骨中间肌四个肌肉
12	腿后肌群	位于大腿后侧，功能是膝关节屈曲的动作，主要肌肉包括股二头肌、半腱肌与半膜肌
13	小腿肌群	位于小腿后方，功能是使踝关节伸展。主要肌肉有腓肠肌和比目鱼肌

第二节

心肺系统

心血管系统与呼吸系统相互合作，将氧气带入身体并运送到肌肉等器官组织，产生能量供人体执行各种动作。呼吸系统包含呼吸道与肺，心血管系统包含心脏、血管与血液。这些系统合起来称为心肺系统，它们的功能紧密相连。吸入的氧气通过肺循环进入心脏，在心脏的节律性跳动下，富含大量氧气的血液通过体循环输送到全身各个组织，透过细胞产生能量以执行各类动作，做功完成后携带二氧化碳的静脉血进入心脏，再通过肺循环呼出体外，如此往复，这就是呼吸与心血管系统的交互作用，如图2.3所示。

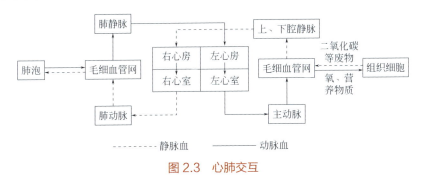

图 2.3　心肺交互

一、摄氧量

运动对心肺系统的典型反应是氧气量的增加。因此，摄氧量是对运动产生心肺反应的整合指标，而且因为氧气被用来产生能量让肌肉做功，所以做的功与消耗的氧气之间有直接关系。也就是说，做的功（运动）越多，消耗的氧气就越多。

人体进行最大强度的运动时，当机体出现无力继续支撑接下来的运动时，所能摄入的氧气含量称为最大摄氧量（maximal oxygen consumption，V_{O_2max}），通常以人体每分钟内每公斤体重摄入的氧气体积来表示，即：mL/(kg·min)。V_{O_2max} 被认为心肺功能最佳的评估指标。有氧运动训练对心肺功能最明显的改变，就是最大摄氧量（V_{O_2max}）的提升，事实上，最大摄氧量的改变，正是训练促进体能的证明，因为摄氧量是体适能的整合性指标，摄氧量的提升反映出心血管与呼吸系统的适应。对未受过训练的人而言，有氧耐力训练一般会带来最大摄氧量10%～20%的提升，需要指出的是，抗阻训练对最大摄氧量的变化很小甚至没有。

二、代谢当量

代谢当量（metabolic equivalent，MET）是维持静息代谢所需要的耗氧量。代谢当量是以安静且坐位时的能量消耗为基础，表达各种活动时相对能量代谢水平的常用指标。可以用来评估心肺功能。1MET 相当于耗氧量 3.5mL/（kg·min）。例如，人在静坐时 MET 约为 1.0，开合跳时 MET 约为 8.0 等，如表 2.6 所示。

表 2.6　身体活动的代谢当量

活　　动	MET
轻量级活动	<3
睡眠	0.9
看电视	1.0
写作，桌面工作，打字	1.8
步行（2.7km/h），在平地上，非常缓慢的速度	2.3
步行（4km/h）	2.9
中等强度活动	3～6
慢速骑行（在固定自行车上，50W）	3.0
步行（4.8km/h）	3.3
柔软体操，家务	3.5
步行（5.5km/h），中速	3.6
正常骑行（16km/h）	4.0
慢速骑行（在固定自行车上，100W）	5.5
强度略高的活动	>6
慢跑	7.0
较高强度的身体训练（俯卧撑、仰卧起坐、引体向上、开合跳）	8.0
慢跑	8.0
跳绳	10.0

三、心率

　　心脏在运动中会输出更多血液以运送氧气到作用肌肉，大多数的人都能感受到心跳会随着运动增加。事实上，心跳就像摄氧量一样会随着运动负荷增加呈线性上升，每分钟的心跳次数被称为心率，人体在安静状态下的心率为静息心率，为 60～70 次 /min，随着运动强度的增加，心率可能会增加三倍，约为 200 次 /min。心率是衡量训练强度的重要指标。

基于运动实际，训练时通常采取阶段式增加负荷，而非持续地渐增负荷，因此，训练过程中常会见到负荷增加时心率上升，之后在这一阶段的训练过程中心率保持平稳。

四、心输出量

心输出量（cardiac output，CO）也是反映心肺功能的指标，它是指左心室或右心室每分钟泵出的血液量，即心率与每搏输出量的乘积。每搏输出量（stroke volume）指一次心搏，一侧心室射出的血量，是心舒末期容积与心缩末期容积之差值，简称搏出量，左、右心室的搏出量基本相等，为 65～80mL。如心率以 75 次 /min 计算，则心输出量男性为 5～6L，女性略低些。心输出量随着机体代谢和活动情况而变化。在肌肉运动、情绪激动等情况下，心输出量均会增加。

五、肺活量

肺活量（vital capacity，VC）是指一次尽力吸气后，再尽力呼出的气体总量，包括潮气量、补吸气量和补呼气量三部分。潮气量是指一次呼吸周期中肺吸入或呼出的气量，在潮气量之外再吸入的最大气量为补吸气量，在潮气量之外再呼出的最大气量为补呼气量，最大呼气后残留在肺内的气量为余气量。肺活量存在较大的个体差异，受年龄、性别、身材、呼吸肌强弱及肺和胸廓弹性等因素的影响。一般来说，身体越强壮，肺活量就越大。研究表明，肺活量与最大吸氧量存在很高的相关，常用作评价人体素质的指标。

六、肺通气量

肺通气量指单位时间内出入肺的气体量，一般指肺的动态气量，它反映肺的通气功能。肺通气量可分为每分通气量、最大通气量、无效腔气量和肺泡通气量等。每分通气量（minute ventilation volume，MV 或 VE）指肺每分钟吸入或呼出的气量即潮气量与呼吸频率的乘积。最大通气量（maximal voluntary ventilation，MVV）是以最快呼吸频率和尽可能深的呼吸幅度最大自主努力重复呼吸 1min 所取得的通气量。

第三节
供能系统

人体通过肌肉收缩产生力量来完成各种动作，肌肉能量的来源有三类，即三大供能系统：ATP-CP 磷酸原供能系统、糖酵解供能系统、有氧供能系统。人体的直接能量来源是：ATP（三磷酸腺苷），ATP 在 ATP 酶的催化下，迅速水解为 ADP（二磷酸腺苷）和 Pi（无机磷酸），并释放出能量。

一、三大供能系统

1. ATP-CP 磷酸原供能系统

骨骼肌中 ATP 的含量很少，进行剧烈运动时，仅能维持 1～3s，之后的能量供应需要依靠 ATP 的再生。细胞内的另一种高能磷酸分子磷酸肌酸（CP）可以通过分解作用提供能量和无机磷酸，使 ADP 重新合成 ATP，从而维持 ATP 的稳定，因此，激活 CP 尤为重要。此过程非常迅速，在无氧和有氧条件下均可进行。磷酸肌酸在体内的含量也不多，能维持 6～8s，但 CP 的储量可通过训练提高，这也就意味可以适当延长 ATP-CP 磷酸原供能系统的持续时间。像短跑这样的大强度运动，在其最初的几秒内，ATP 含量维持在一个相对不变的水平，但磷酸肌酸含量却不断下降，因为其要补充消耗的 ATP。力竭时，ATP 和磷酸肌酸含量均显著降低，以至于不能继续提供能量来维持肌肉的收缩和舒张。

ATP-CP 磷酸原供能不需要氧，但有氧条件下也可进行，输出功率大、可维持时间短，是短时间、极高强度运动（如短跑、跳跃、举重）的主要供能系统。

2. 糖酵解供能系统

ATP-CP 磷酸原供能之后，人体能量的来源开始依靠糖类物质。葡萄糖或糖原在肌肉中无氧分解成乳酸，并合成 ATP 释放能量的过程，称为糖酵解。运动过程中，骨骼肌依靠糖酵解供能的过程，称为糖酵解供能系统，这一过程能维持 2～3min。葡萄糖在转化成 ATP 的过程中会产生乳酸，正常情况下，血液和肌肉中只含有微量乳酸，低强度运动时，乳酸制造和清除速率相等，如果继续进行剧烈运动，当肌肉制造乳酸的能力超过清除速率而导致乳酸在肌肉和血液中聚积时，肌肉就会感到疲劳，这一时间点血乳酸浓度被称为乳酸阈值，通过训练可以提高乳酸阈值，无训练人员的乳酸阈值一般发生于运动强度为 50%～60% 的最大摄氧量，而长期运动训练可使乳酸阈值发生于 70%～80% 的最大摄氧量。另有研究指出，剧烈运动后以大约 35% 的最大摄氧量强度进行恢复性放松活动，可以有效提升乳酸清除能力。

糖酵解供能也不需要氧，输出功率一般，可维持 2～3min，是中等时间、高强度运动（如 400m 跑、800m 跑）的主要供能系统，其供能会产生乳酸，乳酸累积过多会导致疲劳。

3. 有氧供能系统

有氧运动的有氧代谢供能系统为长时间、稳定、持续的运动提供能量，例如，长跑、游泳等运动项目。有氧条件下，人体三大能源物质：糖、脂肪和蛋白质，通过氧化作用，生成 ATP 供能。

有氧供能需要氧，输出功率小、可维持时间长，是持续的长时间中低强度耐力性运动（如慢跑）的主要供能系统。

二、供能系统与运动的关系

在不同类型的运动项目中，这三大能量转化系统会在不同时间发挥不同的作用。它们在能量代谢过程中产生的能量多少，与运动时间、运动强度、运动类型有关。

1. 供能能力比较

三大供能系统的能力比较如表 2.7 所示。

表 2.7 供能系统能力比较

供能系统	可维持时间		输出功率	生成 ATP 速率	生成 ATP 能力
ATP-CP 磷酸原供能系统	6～8s		大	快	小
糖酵解供能系统	2～3min		中等	中等	中等
有氧供能系统	糖	1.5～2h	小	慢	大
	脂肪	—			
	蛋白质	—			

2. 运动时间、强度与供能系统

不同运动时间与运动强度与三大供能系统的关系如表 2.8 所示。

表 2.8　运动与供能系统

持续时间	运动强度	主要供能系统	举例
0～6s	非常剧烈	ATP-CP 磷酸原供能系统	100m 跑
6～30s	剧烈	ATP-CP 磷酸原供能系统、糖酵解供能系统	
30s～2min	高	糖酵解供能系统	800m 跑
2～3min	中等	糖酵解供能系统、有氧供能系统	
>3min	低	有氧供能系统	5km 跑
—	安静状态	有氧供能系统（以脂肪氧化为主）	静坐

3. 供能系统相互关系

运动中基本不存在一种能量物质单独供能的情况，肌肉可以利用所有能量物质，只是时间、顺序和相对比率随运动状况而异，不是同步利用。

最大功率输出的顺序，由大到小依次为：磷酸原系统、糖酵解系统、糖有氧氧化、脂肪酸有氧氧化，且分别以近 50% 的速率依次递减。

运动时间越长强度越小，脂肪氧化供能的比例越大。脂肪酸是长时间运动的基本燃料。

由于运动后三磷酸腺苷（ATP）、磷酸肌酸（CP）的恢复及乳酸的清除，需依靠有氧代谢系统才能完成，因此有氧代谢供能是运动后机能恢复的基本代谢方式。

不同训练项目的主要供能系统不尽相同，在设计训练计划、实施训练内容时需要注意能量物质的恢复，尤其是训练 ATP-CP 磷酸原供能系统时，休息间隔必须维持 2～5min 让 ATP 和 CP 有适当时间能够再度合成。

小结

本章集中于描述骨骼、关节和肌肉的结构与功能，以及人体的主要供能系统。这些内容是开展体能训练的运动学基础，了解这些知识，有助于制订并实施科学有效的体能训练方案，以使消防员具备充沛的体能，增进消防员执行任务时的运动表现。

第三章
消防员体能训练分析

不同的运动有着不同的特征，对运动素质有着不同的要求。以运动项目为例，举重主要比力量，长跑主要比耐力。柔韧性的好坏对体操练习者完成技术动作的幅度有着重要影响，协调能力则是羽毛球选手在不断变换的对抗性竞技中技战术表现的重要基础。而对运动素质的不同要求，相应地也要求不同专项练习者的形态和机能具有不同的特征。举重练习者要求肩宽，由磷酸盐分解供能爆发式地用力；长跑练习者通常体重较轻，以有氧代谢供能为主支持长时间的竞速运动；体操练习者要求体格健美匀称，中枢神经系统能有效地指挥运动系统完成复杂多样的动作技巧；羽毛球选手身材适中灵巧，神经系统灵活应变、且具有高度发展的乳酸能无氧代谢供能能力。

消防部门承担着重大灾害事故和其他以抢救人员生命为主的应急救援工作。消防员面临的各类灾害现场情况复杂，救助任务多变，一方面环境形势严峻，涉及火灾、高温高湿、受限空间、高空地下等；另一方面出警次数多、工作时间长、不分昼夜，且多数为负重作业，需要身着装备，手拿器材。灭火救援任务的艰巨性决定着消防职业人员重体力活动者的职业特性。因此，消防员的体能，除了健康体能和竞技运动体能所包含的内容之外，还需要结合消防员的工作环境和工作状态，更多地考虑与职业特性相关的体能需求。

消防员与运动员的差异性如表 3.1 所示。

表 3.1 消防员与运动员的差异

事　件	消防员	运动员
任务结果	生或死	赢或输
投入时间	常年训练	赛季训练
训练范围	多项技能、多重技巧	运动专项
休息	无法预料	精心安排
装备	必须身着个人防护装备，携带必要器材	必要防护、轻便装具
任务环境	多为火场、高空、地下等极端环境	受保护的各种环境
饮食	任务时无规律、自行解决	营养计划
任务需求	意想不到是常态	有计划与被控制
凝聚力	出生入死的战友	团队集体

第一节
消防工作任务与体能训练

消防是一项亟须体力和良好身体素质的职业，体能对消防员的重要性不言而喻，各国政府及消防部门都在制订消防员健身指导方针，并提出全面实施方案，加强规律性运动和身体调节能力的建议。这些指导方案都从不同方面结合消防工作，对消防员体能训练的实施给予帮助。

一、生理需求

设计体能训练计划时，必须考虑各种消防任务需要的能量系统和工作强度。消防员在执行任务过程中，都会用到三种能量系统，消防员的工作任务和主要能量系统如表 3.1 所示。另外，关于工作强度的研究，在执行火场任务时消防员的心肺功能需求介于最大摄氧量的 63%～97%、最高心率的 84%～100%。当执行灭火及抢险救援任务时，消防员的身体承受着高强度的无氧负荷，能量消耗也随着长时间的执行任务而增长。所以，消防员需要较高的有氧能力和乳酸阈值。

表 3.2　消防员的任务和能量系统

能量系统	工作任务	相对强度	持续时间
ATP-CP 磷酸原供能系统	铺设水带	高	短 0～10s
	架设拉梯		
	提拉重物		
	抬升物体		
	强行破门进入		
糖酵解供能系统	携带重装备	中	中 30～120s
	拖拉被困者		
有氧供能系统	携带装备	低	长 120s 以上
	爬楼		
	搜索		
	水带整理		
	器材保养维护		

二、生物力学需求

消防员的常见任务包括灭火、携带装备前进、操作消防水带、攀爬楼梯、架设拉梯、拖动伤员、搜索和其他的救助性工作，如图3.1～图3.4所示。

图 3.1　灭火及水带纵深

图 3.2　负重行进

图 3.3　拖拉及救助

图 3.4　登高及破拆

对消防工作的具体动作进行生物力学分析，如表 3.3 所示。

表 3.3　消防职业动作的生物力学分析

职业动作	肌肉关节活动	运动轴面	训练项目
水带铺设	上肢、躯干及下肢肌肉群的等长收缩 肩、髋关节屈伸和收展 肘、膝和踝关节屈伸	矢状面 冠状面 水平面	肌力及柔韧性训练 有氧耐力训练 速度训练
登高作业	上肢、躯干及下肢肌肉群收缩 肩、髋关节屈伸和收展 肘、膝和踝关节屈伸	矢状面	肌力及柔韧性训练 速度训练
负重行进	上肢、躯干及下肢肌肉群的等长收缩 肩、髋关节屈伸和收展 肘、膝和踝关节屈伸	矢状面 冠状面 水平面	肌力及柔韧性训练 有氧耐力训练 速度训练 农夫走
拖拉救助	上肢、躯干及下肢肌肉群的等长收缩 肩、髋关节屈伸和收展 肘、膝和踝关节屈伸	矢状面 冠状面 水平面	肌力及柔韧性训练 有氧耐力训练 速度训练 农夫走
破拆作业	上肢、躯干及下肢肌肉群的等长收缩 肩关节伸和收展 肘关节屈伸	矢状面 水平面	肌力及爆发力训练
搜索行动	躯干肌肉群的等长收缩 肩、髋关节屈伸和收展 踝关节屈曲	矢状面 冠状面 水平面	躯干稳定及柔韧性训练 灵敏性训练

消防员执行任务需要经常在矢状面进行多关节运动，很多砍劈和挖掘动作也涉及旋转，主要使用上肢和下肢的肌肉群，对躯干的核心稳定性要求很高。

不同的任务对动作的要求有所区别，整体而言，消防员的体能需要上肢的肌力和肌耐力，躯干的肌力和肌耐力，下肢的爆发力、柔韧性、灵敏性和全身关节的稳定性（特别是肩关节、髋关节、膝关节和踝关节）。需要有针对性地开展消防员的体能训练。

三、负重需求

消防员执行任务时需穿戴灭火防护服、抢险救援服等个人防护装备（personal protective equipment，PPE）来保护身体，这些装备可以使消防员避免火焰、高温、高热、烟雾、有毒气体、撞击和辐射等带来的伤害。不同的应急救援任务所需要的个人防护装备有所不同，以灭火救援任务为例，包括灭火防护服、头盔、防护靴、防护手套、防护头套，以及空气呼吸器，这些装备加起来的重量约为22kg，由于材质及气瓶容积的不同，重量会有所差异，还有一些其他装备也会随身携带，如逃生包、消防斧等。此外，灭火任务所需要的器材装备也不应忽视，包括水带、分水器、无齿锯，甚至拉梯等。

个人防护装备旨在保护消防员免受外在环境的伤害，但是，还应该衡量这些装备是否会产生内部危害，主要是身体产生的热效应及生理代谢需求，包括个人防护装备的重量、空气呼吸器导致的呼吸限制等。穿着个人防护装备和佩戴空气呼吸器从事中等负荷强度工作时氧气的消耗量比穿着运动服从事该活动要高出很多，这也就意味着穿着个人防护装备和佩戴空气呼吸器时的最大有氧能力会下降，全身装备的重量会影响消防员执行任务时的能量代谢需求，空气呼吸器的呼吸阻力和装备的束缚也会使有氧能力下降。

还需注意的是，个人防护装备和空气呼吸器会影响消防员的步态、平衡性、移动性，增加疲劳和伤害的风险。在功能性平衡测试中，由多年经验的消防员模拟消防任务，在不平坦的地面上爬行，穿着个人防护装备会降低平衡能力，尤其是通过头顶有障碍物的受限空间的作业环境下，会延长作业时间和增加错误的概率。穿戴个人防护装备可能会改变身体运动时的重心位置，而佩戴空气呼吸器和面罩更会限制身体的移动性和周围的视线。此外，消防员穿着的灭火防护靴可能会对脚部产生负面影响，在脚做各种动作时会产生阻力，限制脚正常运动，诱发疲劳，导致步态的不稳定性，增加脚部运动错误的机会，发生滑倒、摔倒、受伤风险加大。

四、职业激励

消防这一崇高的职业决定了消防员的共同特点是希望服务他人、帮助他人、保护他人，但多数消防员对于自身的体能及需求能否胜任消防工作并不抱有相同的信念或动机。作为消防体能、技能训练的从业人员，经常会遇到对体能训练执行不彻底、认识不足、甚至态度褒贬不一的人，有些消防员可能无法忍受高强度的体能训练，或是训练意志不坚定而松懈训练，这就需要对其或是自身进行激励。

自我决定理论（self-decide theory，SDT）可以帮助消防员建立体能训练的信心，它是在充分认识个人需要和环境信息的基础上，个体对自己的行动做出自由选择的动机理论。它涵盖了较多的动机类型，动态地观察各种动机类型，可以有效地评估消防员的训练动机，促进其身心健康。该理论定义了人类活动由自我决定行为和非自我决定行为构成，分别对应内部动机和外部动机，内部动机高的人会积极投身于所参与的活动当中。有些消防员进行体能训练的内部动力强，他们坚信体能训练的重要性，无论如何他们都会训练，并且从中获得乐趣，而有些消防员则需要一定的外部动机才能坚持体能训练。

自我决定理论的提出者 Deci 和 Ryan 提到了外部动机的三种调节形式：外在激励、内在激励和确定激励。对消防员体能训练来讲，外在激励是对体能训练及考核中表现优异的消防员给予一些物质性的奖励，例如经济报酬。内在激励是给予消防员一些荣誉称号或奖章奖牌，说明其在体能训练中的成就获得了某种认可，全世界各行各业，尤其是军事组织都采用这种激励形式。确定激励是对在体能训练及考核中表现出色的消防员，给予确定性的直接奖励，以增强其职业归属感，例如职位晋升。

为了使这些奖励起到激励的效果，奖项的设置应该兼顾任何情况，对于所有参训消防员来说，这些奖励都是可以通过努力实现并且是有意义的。如果奖励仅使少数训练精英受益，那么它们将可能不会产生预期的结果。有些消防员根本不会积极参与，因为他们与目标相距甚远，以至于几乎没有实现目标的机会。激励这些消防员的最好方法是强化他们的集体意识，并使他们确信个人绩效（即使是微不足道的）也可以积极影响团队的整体绩效。例如，在训练考核中，设置一些团队项目，这样，即使最不适合的人也有动力去做到最好，因为他们不希望自己的表现会影响整个集体的成绩。这种方法印证了科勒效应，即个人在团队中工作比在单独工作时更加努力。

第二节

消防作业环境与体能

许多环境因素,例如热刺激、复杂地形、噪声、空气污染、高空作业和火灾现场,可能会影响消防员的健康和运动表现。消防员如何应对这些情况,重点在于了解这些环境变化因素是如何影响生理反应的,进一步通过体能训练来提高工作效率,提升消防员的安全。

一、热刺激

热刺激是消防员经常要面对的环境条件,由于穿着个人防护装备,以及火场周围环境的热量累积,会增加身体在执行任务时肌肉收缩的能量代谢需求。研究建议,在100℃的温度、热辐射限制为1kW/m的状态下执行灭火任务,消防员暴露时间不宜超过25min,如果环境条件更为严重,暴露时间应更短。除了热环境之外,寒冷刺激也是消防员需要面对的生理挑战,消防员必须适应在寒冷环境下作业,会面临体温过低的风险。在寒冷又潮湿的环境下,体温低于35℃,常常会造成冻伤,并且寒冷空气也会增加呼吸的困难。在炎热或寒冷的环境条件下,消防员仍需穿着适当的个人防护装备,这些装备虽然可阻隔热源保护消防员,但也会因为作业时流汗而导致内部衣物潮湿,增加消防员感冒的风险。严重的体温流失会加速疲劳、身体协调性下降和判断力减弱,这可能对消防员造成致命的后果。生理上,人体对冷环境有颤抖生热的机制,包括周边血管收缩,血流重新分配到内脏器官,氧气消耗量、心率、心输出量和血压都会有所上升。

运动时体温上升,能量代谢增加,而降低体温的主要方法是散热。消防员穿着个人防护装备时的作业表现与体脂肪百分率、基础代谢率、心率等指标均呈现显著的相关性。多余的脂肪会增加热量储存,尤其是暴露在炎热的环境时,脂肪作为绝缘体会阻碍散热。美国蒙大拿大学人体表现实验室做过一项研究,探讨消防员穿着个人防护装备对工作的干扰影响,在温度38℃、30%相对湿度的热室中运动3h,发现穿着个人防护装备的消防员体温显著上升,在穿着双层个人防护装备的测试中,九名消防员当中有五名身体核心温度达到40℃,被迫终止实验。因此,消防员在与热有关的环境内执行任务时,必须采取预防措施以降低热刺激带来的冲击，包括各种训练和体能训练。

研究证实，有氧能力较好的人，其身体温度的调节能力会较好。不断维持和加强有氧能力训练是消防员保持热适应的重要方法。但同时也要注意，如果消防员刚刚经历过热刺激，那么接下来的训练就需要修正训练量或延缓训练，因为消防员工作能力可能会降低，甚至会有一些不适的症状。再比如，消防员刚经历寒冷环境条件任务，在生理反应上会出现力量下降的情况，同时防护服也会增加能量支出，通常在寒冷的条件下，会增加排尿的需求，消防员可能会增加液体流失从而面临脱水的风险。因此，消防员的体能训练应该意识到此类风险，有效面对热、冷反应刺激，以避免消防员受伤。

二、复杂地形

灭火救援现场地形复杂，同时，各种建筑设施有可能会坍塌，导致地面形成陡峭、不平坦和不稳定的区域，而且消防员可能需要携带并操作复杂的器材通过狭窄的通道。这些复杂地形不可预期，可能会增加受伤的风险。当灭火救援任务时间较长时，消防员可能会在不平坦地面上、靠在背包上，以及车辆中休息。任务结束后，这样简易的睡眠和休息会延迟生理的恢复。

消防员的许多身体损伤与灭火及抢险救援行动有关。多项研究支持将功能性动作模式的概念引入消防员的体能训练中。功能性动作模式强调的是为了完成某项实际任务而互相联系一整套动作链，以及动作的稳定性，而非单一的某块肌肉的力量练习动作。许多消防员救灾时拉伤或扭伤都发生在下肢，建议应该以下肢的训练机制为重点，使其具备足够的肌力和稳定性，以此来大大降低消防员在复杂地形执行任务的受伤概率。

消防员的任务性质和训练动作建议如表 3.4 所示。

表 3.4 消防员功能性训练动作

职业动作	室内练习项目	室外练习项目
水带铺设	战绳甩摆 哑铃划船 水带牵拉 弓步下蹲 快步行进	水带牵拉 负重多方向行进
登高作业	哑铃推举 深蹲练习 平板支撑	架设拉梯 攀登拉梯

续表

职业动作	室内练习项目	室外练习项目
负重行进	哑铃弓步下蹲 农夫走	轮胎拖拉及翻转 负重登楼 农夫走
拖拉救助	硬拉 哑铃推举 引体向上	假人拖拉 轮胎拖拉
破拆作业	哑铃推举 滑轮下拉 战绳甩摆	肌力及爆发力训练
搜索行动	负重爬行 平板支撑 负重提踵	负重爬行

可以先从控制身体稳定性开始练习，逐渐过渡至身体的移动，增加踝关节稳定性和身体平衡性。通过完整动力链的练习，有利于神经肌肉促进、运动效率、姿势控制和力量增长，从而降低受伤的风险。

三、昼夜节律紊乱

人体的心率、体温和摄氧量等生理指标均存在节律性的波动，这一现象被认为是由生物学摆动的昼夜节律。昼夜节律通常会影响身体状况，而消防员的工作任务不可预测且带有复杂性，一个紧急事件，就可能需要几个小时或几天。突如其来的出警任务会导致睡眠中断，并增加身体的负荷，导致工作能力的下降，产生疲劳，身体恢复的困难加大。

消防员做完体能训练后，身体会处于疲劳状态，根据训练时的强度不同，疲劳状态可能会持续24h才能完全恢复，这一时间段内如遇到出警，身体工作效率必然会下降，而且会加大受伤的风险。因此，如果是轮班制度，消防员尽量选择在轮休期进行体能训练；如果是全天候备战，那么尽量在出警量较少的时段来从事体能训练。为了促进身体疲劳的恢复，在训练时、训练后注意补充水分并摄取足够的碳水化合物和蛋白质。

对于消防员来说，强化体能的过程，应降低运动训练诱发疲劳的情形出现，消防员应该使用循序渐进原则，从较低强度逐步增加训练强度和训练量，此外，虽然规律性运动可提升免疫功能，但如果单次运动过于激烈，却可能会降低免疫功能，且需要更长的恢复时间。消防员的体能训练需仔细选择训练的时机，训练计划和运动处方需要有弹性，适度降低训练强度和减少训练科目也是促进身体恢复的一种补充手段。

第三节
伤病影响

伤病会大大影响消防员的身体健康和工作效率，大量调查显示，在执行任务期间，消防员难免会不同程度的受伤，这些还不排除有伤未报或小伤不报的情况。虽然伤病率因部门职责和人员分工可能会有所不同，但毫无疑问，消防员是运动损伤的易发人群。

大多数伤害是轻微的，可能不需要恢复时间或需要很短的恢复时间，但是，消防员也容易受到需要相当长的恢复时间的衰弱性伤害。消防员的主要伤害是扭伤、肌肉劳损和疼痛，造成这些伤病的主要原因是过度劳累、滑倒、绊倒和跌落，以及砸伤和撞击，在携带器材装备的过程中也会发生大量的扭伤。大量的伤病都与工作任务有关，例如搬运软管、使用手动工具和黑暗环境作业等。受伤部位可能会因执行任务的不同而发生变化，最常见的受伤区域是腿脚、胳膊和手，其次是躯干（包括下背部）、肩膀和脖子。扭伤和拉伤最常见的部位是下肢，其次是躯干、肩膀和脖子；脱位或骨折最常见的部位是手臂、手、腿脚和头部。可见，消防员的常见损伤并非局限于身体的一个区域。

如果消防员有一些习惯性的损伤先兆，或是长时间疲劳得不到恢复，那么他们在执行任务过程中的受伤概率倾向就更大（或进一步加剧这些条件）。这些情况被称为累积性创伤疾病或与人体工程学相关的疾病，包括诸如背痛、关节痛、韧带和肌腱问题（如肌腱炎）等。其他因素包括疲劳、柔韧性或活动性降低，以及由于个人防护装备和携带器材而引起的身体重心变化或生物力学相关的变化，还可能容易出现肌肉失衡，特别是与力量和运动能力有关的失衡，这可能是由于单方面的职业任务造成的。消防员在灭火及抢险任务过程中可能会历时数小时的中强度工作，或者在穿着个人防护装备的情况下进行多次重复的灭火活动，导致疲劳感增加，对任务及周围环境细节的关注度就会减少，从而降低运动表现，并增加因障碍物绊倒或使用不当设备而受伤的风险。除了身体疲劳，能见度差、寒冷的环境、苛刻的睡眠条件和崎岖不平的地形，也会增加消防员的受伤概率。

除了在执行任务过程中会导致消防员身体损伤，日常的体能训练也应引起注意，训练计划制订不好，或者训练监控不及时，同样也是容易导致消防员损伤的重要因素。

小结

> 消防员需要接受基础的运动训练理论学习，结合职业需求制订个性化的体能训练计划，熟悉体能训练的运动学基础，了解身体代谢需求，掌握各项身体素质的训练方法，在体能训练中融入任务场景，结合自身身体状况进行科学有效的体能训练，并且降低任务或训练过程中的受伤概率，以保证充沛的体能。此外，除了考虑与体能训练相关的因素之外，消防员还注重心理或精神层面的健康，包括熟悉消防文化，并与战友建立有效的沟通、信任和协作。通过这些手段，促使自身全面的身心健康。

第四章
消防员体能测试与评估

消防员在执行任务过程中可能涉及跑、跳、爬、拖、搬、举等动作，这些动作需要身体具备一定的能力。如何检验消防员是否具备这些能力，以满足灭火救援任务在体能上的要求，就需要对消防员进行与职业相关的体能测试与评估。消防员体能测试评估除了基础体能测试之外，还要有与工作相关的测试内容。

第一节
测试内容与方法

一、基础体能测试

消防员基础体能测试包括有氧能力、肌力和肌耐力、爆发力、柔韧性和灵敏性，这些指标可以反映消防员的基本生理状况和基础体能状态。

1. 有氧能力

有氧能力也称有氧耐力，是指长时间进行有氧供能的工作能力，负荷强度为中、高强度之间，一般为人体最大负荷强度的 75%～85%，心率一般在 110～150 次 /min，时间最少 5min，一般在 15min 以上，决定机体有氧耐力的生理因素主要是运动中氧气的供应和作为能量物质的糖原含量，通常以 1min 内每公斤体重消耗的氧气量来测量。

测量有氧耐力的最佳方法是最大有氧运动（例如跑步或骑自行车）、摄氧量分析（使用肺量计测量气道中氧气和二氧化碳之间的气体交换）。这种方法准确度很高，但要求测试组织者具有较高水平的技术能力，最好是在可控的环境中进行，而且需要独立测试，成本较高，如 V_{O_2max} 测量。

也有一些较方便的方法可以预测有氧耐力，常见的消防员有氧耐力测试方式有 1500m 跑、3000m 跑和 5000m 跑，根据这些项目的完成时间对照评价常模来评估消防员有氧耐力水平。

与有氧耐力相对应的是无氧耐力，这两项能力统称为心肺耐力，它们之间关系紧密，随着运动强度的增加，通过有氧供能的形式不足以满足高强度的运动负荷，体内糖类能源物质分解供能时产生的代谢物乳酸会增加，进而超过了消除能力，这时候的运动强度就是衡量人体无氧能力的有效指标，其测试方法 400m 跑、800m 跑。

2. 速度

在运动中，速度被定义为身体短时间到达终点的能力。消防职业的特殊性要求消防员在执行任务过程中必须具备快速行动的能力。速度与身体力量、反应、灵敏、协调关系密切、环环相扣，如图 4.1 所示，有力量但要如何快速启动力量，需要速度；如何灵敏地快速移动，需要速度；如何在高速运动中协调身体变换方向，需要速度；如何在突发情况下做出反应，需要速度。交互影响下，都需要有速度的基础一起连动。

图 4.1　速度与力量、反应、灵敏、协调的关系

速度的测试方法一般为短距离跑步项目，如 50m、60m 等竞速类短跑项目。消防员需要全速奔跑，发挥身体 100% 的能力，根据完成时间对照评价常模来评估消防员的速度能力。

3. 肌力

肌力是肌肉或肌肉组织可以产生的最大力量。确定肌力的最准确的方式是执行 1RM 测试。RM 是指最大重复次数，1RM 代表该重量可以做一次。虽然这是对肌力最准确的测试，但对于未受训练的参与者而言，这种方法既耗时又有难度。

1RM 的正确测试方法是，先进行热身运动，再进行测试项目，每组动作之间要有 3～5min 的休息时间，以保证肌肉中 ATP 的再合成。第一次的起始重量预计为 1RM 的 50%，而后续测试的重量应该逐次增加 4～9kg，下半身的重量逐次增加 14～18kg。

预测肌力的其他方法包括使用握力计、多 RM 力量测试中预测 1RM（如引体向上）。其中，重复次数与 %1RM（最大重复 1RM 次的百分比）的关系如表 4.1

所示。

表 4.1 %1RM 与重复次数的关系表

%1RM	预测的重复次数	%1RM	预测的重复次数
100	1	80	8
95	2	77	9
93	3	75	10
90	4	70	11
87	5	67	12
85	6	65	15
83	7		

举例说明，如果一名消防员卧推 80kg，最多重复 8 次，那么他的卧推最大肌力约为 100kg，即这名消防员 1RM 的卧推负荷是 100kg。

4. 肌耐力

肌耐力是肌肉或肌肉群长时间反复工作的能力。消防员的大多数救援行动都需要肌耐力的活动。如控制水枪灭火、重复举起重物、负重登楼等。

肌耐力的测试方法一般为在规定的时间内，重复某种抗阻动作练习，以重复的次数进行衡量。

5. 爆发力

爆发力是指肌肉在单位时间内的工作速度，力求短时间做出最大的功。它是力量和速度相结合的一项体能素质，要求不同肌肉间的相互协调能力。肌力指的是肌肉的最大力量，而爆发力受肌力的速度影响。例如，尽快将受伤或失去知觉的人拖到安全位置，这个任务不仅要求消防员承担受害者一部分的体重，而且要求其能够迅速将受害者转移到安全区域能力。

测试爆发力的一种方法是使用等速机器，但它的成本很高，比较便捷的方法是：上肢爆发力采用药球练习测试，下肢爆发力采用立定跳远、原地摸高测试。

6. 柔韧性

柔韧性是指人体关节活动幅度以及关节韧带、肌腱、肌肉、皮肤和其他组织的弹性和伸展能力，即关节和关节系统的活动范围。消防工作中的一些任务，如受限空间内行动，对消防员身体柔韧性有一定的要求。

众所周知，最常见的柔韧性测试方法为坐位体前屈，可以很好地反映身体腰部和下肢柔韧性的测试。

7. 灵敏性

灵敏性是指身体改变运动速度和方向的能力。消防员对灵敏性素质的要求很高，例如，在灭火救援现场，由于外部环境的不确定性，有可能会导致建筑物发生结构性破坏，这就要求消防员要快速做出反应，迅速移动或停止，以及改变身体方向或变化身体姿势。

最常用的灵敏性测试方法是折返跑。

世界各国消防部门对消防员的体能测试都包含这些基本的能力素质，虽然测试分类及方法不同，但测试指标大体相同。如美国消防协会 NFPA 1583 标准中对消防员的基础体能测试指标包括：有氧耐力、无氧能力（速度）、肌力与肌耐力、灵敏性和身体成分；我国应急管理部消防救援局对消防员招录考核及在职消防员体能测试中基础体能科目所属素质指标有：肌力与肌耐力、爆发力、有氧耐力、速度、灵敏性和柔韧性，如表 4.2 所示。

表 4.2 我国消防员基础体能测试项目

序号	类型	内容	
		男子	女子
1	力量	2min 俯卧撑	平板支撑
2	力量	单杠引体向上（不满 40 周岁） 40kg 坐姿下拉（年满 40 周岁）	单杠屈臂悬垂
3	力量	2min 双杠臂屈伸	双杠支撑移动
4	力量	2min 立卧撑	1min 跳绳
5	力量	单杠卷身上（不满 37 周岁） 单杠吊卷腿（年满 37 周期）	2min 屈腿仰卧起坐
6	力量	2min 双腿深蹲起立	2min 双腿深蹲起立
7	耐力	3000m（备选 800m 游泳）	1500m（备选 700m 游泳）
8	灵敏	5×10m 折返	5×10m 折返
9	柔韧	坐位体前屈	坐位体前屈

二、职业能力适应测试

消防职业能力适应测试可以用来评估工作合适性，有效的适应性测试是在对消防职业的需求分析后制订的。针对特定任务环境的身体需求（如伤员疏散、攀登拉梯、物资输送）进行分析后，再仔细确定模拟情境和测试选择。职业能力适应测试具有较强的效度，这意味着受试者理解测试的目的，相信测试能够衡量他们工作的合适性，测试方式或许无法直接评估适应能力，但测试数据会间接预测职业能力，因此需要仔细分析测试结果。测试必须模拟工作情境，通过任务表现中较弱的环节来评估受试者工作的准备及解决状况。消防职业能力适应测试需要特定的场地和设施，此外，组织者还需要一定的职业技能水平和训练能力。职业能力适应测试的对应人群分为应聘人员及在职消防员。

消防员招录体能测试的目标是筛选具有专业技能及良好身体素质的人员，受试者需要能完成测试，且不会给自己或他人造成不必要的伤害。职业能力适应测试应使用标准化的测试程序来确定受试者与职业要求有关的身体能力，标准化测试的结果应明确显示为通过或未通过，或者测试分数按照一定的分级排序，无论结果如何，测试结果应公开公正，且经当事人同意。对应聘消防员进行职业能力适应测试，应避免测试内容具有明显的职业特性，或是需要一定的技能熟练度，原因是这样做会大大降低测试的客观性，受试者有可能会由于相关技能操作不了解，导致测试结果不理想。例如，要求应聘消防员进行空气呼吸器的佩戴是不公平的，因为这是在入职以后训练学习的技能。但是灭火需要空气呼吸器，所以测试可以要求应聘者背负空气呼吸器来考察其在相关职业测试中是否可以胜任。

对在职消防员来说，职业能力适应测试的目的是确认受试者能够维持必要的体能，可以安全和有效地完成各类任务，在职消防员的职业能力测试与应聘消防员要求不同，其更多的是倾向于技能操作的熟练度或职业特色明显的任务情境，但要注意测试中强调体能，而不单纯是技能操作。此项测试可以客观地评估在职消防员由于一般体能测试而可能导致的不足。

消防职业能力适应测试时，应确保受试者有练习的机会，可以明确工作指令，熟悉测试程序，有利于受试者最大化动作表现。

同样，国内外消防部门对消防员的体能测试中也都包含职业能力适应测试，如美国消防协会 NFPA 1583 标准对消防员的职业能力适应测试包括：抢救被困者、进入火场和保持通风、携带水带移动、负重登楼、吊挂和运送物品等；我国对消防员职业能力适应测试项目包括：负重登楼、攀登拉梯、黑暗环境搜索、拖拽重物、400m 救人疏散物资、100m 消防障碍、4 楼攀爬绳索、60m 肩梯等，如表 4.3 所示。

表4.3　我国消防员职业能力适应测试项目

1	5000m 负重	6	4楼攀爬绳索
2	400m 救人疏散物资	7	10楼负重
3	100m 消防障碍	8	100m 负重
4	5×40m 折返搬运重物	9	60m 肩梯
5	30m 拖重		

三、基础体能测试与职业能力适应测试的关系

基础体能测试是衡量消防员基本身体健康状况及从事消防工作最为基础、也是最为必要的测试手段。然而，基础体能测试虽可以检验受试者有关身体素质（如有氧和肌肉耐力）的高低强弱，但不一定能评估其职业准备或职业适应程度，因此，分析消防任务的体能需求，进行职业能力适应测试对于消防职业至关重要。基础体能测试需要建立符合要求的最低标准，职业能力适应测试同样需要建立安全、规范地执行该任务的最低分数，以确保消防员体能测试的最低门槛得分。完整的消防员体能测试应由基础体能测试和职业能力适应测试两部分组成，其各自的优缺点如表4.4所示。

表4.4　基础体能测试与职业能力适应测试的关系

测试类型	优　点	缺　点
基础体能测试	测试的信、效度认可度较高 测试结果容易被受试者接受 身体重要的体能要素得到测试 根据测试结果容易制订运动处方 测试结果与身体健康相关	测试结果不完全代表实际工作能力 适用标准有年龄和性别的划分 容易导致针对测试的训练
职业能力适应测试	测试的表面效度高 容易理解测试和工作之间的关系 可以在测试项目之间进行权衡 促进职业化训练及训练的测试	技能和健身可能会混淆 测试之前需要进行动作学习 很难根据测试结果制定运动处方 结果与基础体能的相关性难估

四、测试效度和信度

体能测试结果要客观、公正、有说服力，需要验证测试的信、效度。

效度可通过结构效度和内容效度来检验。结构效度是指实测数据与理论结构的一致性，包括测试程序中的工作任务、身体素质和生理需求的统计分析，测试结果应该与理论结构相符，确保测试可以达到目的。内容效度是指对测试

的指标、内容或范围取样的适当程度，即测试内容的适当性和相符性，通常由多名职业经验丰富的在职人员提供的指标或内容来比较检验。

消防员基础体能测试通常是使用运动科学界编制并长期使用的测试量表及评价标准，信、效度兼具，例如有氧耐力、肌力与肌耐力、爆发力、速度、灵敏性等指标的测评。而职业能力适应测试则需注意测试的信度问题，在职业能力适应测试中，信度的检验标准通常是在重复实施测试后测试结果不会明显变化，除非受试者有伤病在身或身体处于疲劳期；否则，为了规范测试的信、效度，需要进行测试内容的修订并再次对测试数据统计分析。

五、备选测试

大多数消防员都可按要求进行体能测试，并且测试标准统一，但是会有少数消防员由于一些生理限制，如生病或受伤等。这些情况下，受试者可以选取一些经过调整的备选测试项目，虽然这些备选测试和标准测试不尽相同，但同样可以从另一个角度衡量消防员的体能状况。例如，受试者因腿部受伤不能跑步，则可以用原地踩踏自行车替代跑步，这两个项目都是测试有氧耐力。需要说明的是，备选测试不是必需手段，因为其测试方法及评价标准不好统一，是否进行备选测试，应根据消防员及所在单位的实际情况而定。

第二节
测试程序

消防员体能测试除了确定测试指标和内容之外，还需要制订规范的测试模式，统一测试程序，使其具备可行性和推广性。

一、测试要求

为了规范消防员体能测试，需要对测试项目的顺序、测试器材、测试人员资格及测试时间进行统一界定。

1. 测试顺序

理想情况下，受试者要在相同的环境下测试，可以选取一些体能训练场馆或房间，这些场所是可控的，可以排除天气及一些不可预测因素的不利影响。此外，测试项目也要按照固定的顺序进行，一是合理安排项目的强度等级，避免受试者由于劳累导致身体疲劳，同时也是为了最大化运动表现；二是为了体现测试的公平性，防止不必要的争端。建议测试者按照如表 4.5 所示的测试顺序开展体能测试。

表 4.5　体能测试顺序

测试顺序	测试项目	举例
1	不疲劳项目	跳远、坐位体前屈等
2	灵敏性项目	折返跑
3	最大肌力项目	1RM 卧推
4	速度项目	50m 跑
5	肌耐力项目	俯卧撑
6	无氧能力项目	400m 跑
7	有氧能力项目	3000m 跑

2. 测试器材

开展体能测试需要借助相应的器材，虽然很多测试器材精准性高，但所需资金或空间会让人望之却步，在缺乏资源的状况下，测试时尽量选取一些业界公认、物美价廉、操作简便的测试器材进行测试工作。

3. 测试人员资格

测试工作必须在专业、安全的环境内进行，测试人员的数量、训练辅导的能力也要考虑，不应选取经验不足或技术不熟的测试人员开展测试工作，否则可能导致测试结果有误。另外，测试人员应该采用相同的方法测试，最大程度确保受试者不受测试人员的影响，测试结果客观可信。因此，测试人员尽量规范测试项目，选择简单的测试指令。

4. 测试时间

测试时间的要求也要做到相对统一，比如选择在一天当中的什么时间段进行测试，测试项目之间的组间休息等，测试时间会因受试者的数量影响，测试前后额外的工作或训练也需要考虑。另外，应该避免在大强度的工作或训练之后随之进行体能测试。

二、安全事项

为了确保测试安全，需要在测试前做相应的风险评估，例如环境温度、测试场地、测试器材、测试管理、水、医护措施等。为排除安全隐患，测试人员要确保受试者穿着适当的服装，事先了解天气状况，检查测试场地及器材，准备足够的水，且要有医护人员在场。

1. 健康体检

由于体能测试对身体的负荷会比平时大，如果受试消防员处于伤病期，此时进行体能测试会增加风险，因此，受试者在体能测试前应该确保身体健康，无伤病，此项工作也可通过提交健康体检表来确认，或是有医生的健康证明。

2. 测试辅导

测试人员应准备标准化的测试程序，对所有受试消防员进行必要的测试说明、动作指导和示范，确保每名受试者得到相同的测试规则解读以及动作要领的指导和示范，避免差异化，建议对测试项目进行完整动作的示范，包括易犯错误的说明，这些标准化的指导可以降低受试者受伤的风险，同时也有利于其测试时的技术表现。

3. 热身和休息

所有测试项目都应包括测前热身和测后休息，目的是提高测试成绩并且降低受伤风险。热身运动应该采取一些低强度的有氧练习和动态拉伸动作，以使目标肌肉群和关节活动度得到充分的激活。热身活动不仅会增加受试者测试之前的心率，促进血液流向肌肉供氧做功，而且还使测试人员对受试者的体能基础、动作熟练程度等方面进行预估。

此外，受试消防员在测试结束后不应直接离开，而是要尽快使身体冷静下来，逐渐降低心率，注意休息。休息期不仅可以使心率恢复，还可让测试人员有机会观察受试者的一些不良反应（如疲倦或疼痛）。

4. 测试终止

在进行体能测试时，可以依据一定的标准来终止测试，最大限度地提高受试消防员的安全性。所有测试人员都应了解并遵循这些条件，此外，还需具备一些安全性的常识，测试人员应基于这些标准及常识准确判断并制止受试者继续测试，以免他们因错误的技术或过度劳累而受伤。如果情况难以判断，最好是谨慎行事，而不是盲目地让受试者继续测试。所有消防员体能测试都应附有标准操作规程，这些规程应明确指明测试人员的职责及在何种情况下终止消防员继续测试。

三、测试频率

消防员体能测试的频率受测试目的影响。如果受试者是为了入职或升学，则每位受试者只需要进行一次考试，但必须根据需求进行规范化测试管理（例如，在消防员招录考试中，需要受试者在专门训练课程中进行测试）。如果是在职消防员，测试的目的是为了保证消防员健康的体魄进而顺利完成各类灭火及抢险救援任务，受试者可能需要每季度、每半年或每年完成一次体能测试。

在制订测试计划时，测试管理人员必须考虑受试消防员的实际工作情况，以及与测试管理相关的后勤或保障支持要求。测试不应安排在出警任务繁重的时间段进行，还应注意尽量与各消防部门的体能训练周期保持同步。因为受试消防员可能由于身体疲劳、酸痛或睡眠不足而无法准确展现出他们的最佳能力，同样，测试应与正在进行的体能训练计划保持一致，理想情况下，应在训练周期开始时进行体能测试以建立受试消防员的体能基准线，然后在训练周期结束时再次进行测试，以衡量体能训练计划的有效性和消防员的努力程度。

第三节
测试结果的评估

基础体能测试与职业能力适应测试的结果应该有清楚记录，以供相关人员进行审查。并且要依据评价标准对测试结果进行成绩统计及评估。

一、记录结果

测试人员的记录工作分为纸质记录和电子记录。纸质记录可以及时、有效地对测试结果进行统计，是一种普遍采用的记录形式，而电子记录可用于跟踪受试消防员测试成绩的平均值和变化趋势。各级消防单位应该建立受试消防员的测试成绩数据库，无论测试结果是用于跟踪受试者职业能力还是出于健康原因，所有结果均应记录在数据库中，形成规范化管理。体能测试数据库可以为各级消防部门提供消防员体能信息，帮助回答测试相关问题，评估体能训练计划的有效性，查看消防员的身体状况以及根据测试结果分析受伤率。

完成体能测试后，消防员希望得知自身体能状况，以确定训练效果，清楚在某些方面的不足，以及自身的职业能力水准。另外，当消防部门将资源投入体能测试中时，他们期望这些投资的结果将对训练考核及工作表现产生积极影响。因此，测试人员必须汇总测试结果并出具体能报告，详细告知消防员体能状况，提出训练计划的改进建议。

消防员体能数据应予以保护，这些数据包括消防员的个人基本信息、健康及体能状况，涉及个人隐私，并不适合广泛传播。只有必要的人员才可以查看此数据。

二、评价常模

任何测试都需要参照一定的标准进行最后的结果评价，这一标准称为该测试的参考常模。进行消防员体能测试的关键步骤是建立参考常模，需要大量的基础样本，按照统计学方法确定一个达标分数，该分数将受试消防员分为两类：符合标准的人和不符合标准的人。常模不应该随意变动，并且考虑到制定参考常模的复杂性和有效性，所以应该咨询参考常模的制定者。我国消防员体能测试的参考常模就是在庞大的样本量基础上建立的，其除了达标分数外，还会按照分数高低设置一些等级分数，例如，优秀、良好、中等、及格，消防员可对照自己的成绩了解自身体能水平处于哪一阶段，接下来的训练计划应如何调整等。如表4.6所示为我国消防员双腿深蹲起立的评价标准常模。

消防员体能测试的职业能力适应测试项目，其标准常模不应完全按照完成任务的时间来确定，单纯以时间来衡量有可能会使消防员在测试过程中过多的关注时间而忽略了任务完成的质量，例如，在伤员拖运项目中，由于伤员是假人模拟，为了快速完成测试，受试消防员注意力在身体移动上，对伤员的看护

表 4.6 我国消防员双腿深蹲起立评价标准　　单位：次/2min

项目	入职	20～24 岁	25～27 岁	28～30 岁	31～33 岁	34～36 岁	37～39 岁
100 分	92	96	100	96	92	88	84
95 分	88	92	96	92	88	84	80
90 分	84	88	92	88	84	80	76
85 分	82	86	90	86	82	78	74
80 分	80	84	88	84	80	76	72
75 分	78	82	86	82	78	74	70
70 分	76	80	84	80	76	72	68
65 分	74	78	82	78	74	70	66
60 分	72	76	80	76	72	68	64
55 分	70	74	78	74	70	66	62
50 分	68	72	76	72	68	64	60
40 分	66	70	74	70	66	62	58

不到位。因此，诸如此类项目，测试人员应该设置一个时间段，在此时间段内完成任务即可满足要求，而将重点测试环节放到任务的质量方面，或是将任务完成质量时间化，以此相互结合来建立评价常模。

此外，消防员体能测试内容和评价标准应该按照年龄和性别等因素进行分类，避免由于所有测试内容一样及所有评价标准相同而带来的负面影响。

第四节
测试结果的应用

体能测试结果可用于消防员清晰认知自身体能状况，分析存在的问题及下一步的改进计划。基于消防员体能数据库，测试人员不仅可以分析每项测试科目，还可以了解每个训练周期的效果。测试数据可以证明某种训练类型可能比其他训练类型更有效，并且指出消防员可能需要进行更多或不同的训练以确保体能储备，优化任务的成功性。通过分析体能测试数据中有关情境设置、任务难度等相关信息，还可指导消防部门制订最佳的训练大纲及教育训练计划。

一、完善训练方案

体能测试结果可以确定消防员职业体能的优点和缺点，然后可以用于制订个性化的运动处方。根据得分倾向，可以适当调整基础体能中有氧耐力、肌力与肌耐力、速度、灵敏性和柔韧性素质所占比重，或是对职业适应能力做出相应变化。在没有此数据的情况下做出的训练方案可能会忽略需要改进的训练要素。

二、优化运动表现

基础体能测试的一个不足是消防员可能会为既定的测试内容提前准备。例如，测试项目中有俯卧撑或 5km 跑，那么消防员将花费大量的训练时间进行这些测试。表面上看，目标是提高他们的力量和有氧耐力，事实上，这些项目的确是消防员体能训练的必要手段，但是，没有任何消防员会在任务中频繁做俯卧撑，也不会有 5km 的不间断跑。运动员在一年的训练周期中会有一到两次的体能高峰以参加各类比赛，而消防员却不能奢望这种训练高峰的出现，他们需要全天候备战，而且不可预测任务强度会有多大。这对消防员的体能训练提出了更高的要求，那么，是否应该将这些基础的身体素质恰当地应用到消防工作地实际情境中，完成基础体能到职业体能地过渡，这是每一位从事消防教育训练人员都需要仔细思考的重要问题，这也是在消防员体能测试中加入职业能力测试的初衷。

通过测试结果分析，可以基于上述原因调整消防员体能训练计划，优化消防员在各类任务场景中的运动表现，充分考虑基于消防职业特性的体能需求，清楚消防员经常要承受的外部负荷并且需要良好的肌力、有氧耐力、灵敏性性等。因此测试结果应能根据任务或职业需求为消防员职业化的体能训练提供一些参考。

三、目标指引

体能训练最重要目标是确保消防员做好身体准备，执行职业任务。身体的准备状态是通过将个人的体能测试分数与标准常模的达标分数进行比较来完成的，例如，一位消防员可以达到 3km 跑的最长时间要求，或是在 2min 内做到最少次数的俯卧撑等。测试结果可以明确消防员是否达标，如果不符合标准，那么则需以评价常模为目标进行体能训练。

1. 干预措施

体能测试是识别消防员体能状态及任务准备的参考。个别消防员出于各种原因而达不到标准的要求，测试人员包括消防员自身需要了解未达标的原因并且调整相应的体能训练计划，使他们恢复身体状况以满足工作要求。体能训练的效果会受到家庭、工作或其他因素的影响，另外，伤病也可能导致消防员未能达到理想的身体健康水平，无法充分发挥能力。无论是什么原因，消防员都必须采取干预措施，组训人员也必须帮助其恢复正常的工作能力。

根据未达标的原因，干预措施可以采取多种形式，包括常规体能训练以外的其他手段来解决训练问题，例如，心理干预、体重管理、营养咨询和戒烟。达不到体能训练标准的人可能不喜欢运动，或者没有动力去改善，因此，针对这类消防员的干预措施可能无效。无论如何，成功的体能训练计划或干预措施往往是个性化的、多方面的。

2. 管理与自我管理

在消防员体能训练过程中，训练计划的实施通常是在集体环境中进行的，并由合格的教练或其他体能指导人员直接监督。一般情况下，组训人员可能会根据消防员的个体差异性及工作时间表向其提供个性化的运动处方。此外，根据未达标的原因，自我监督式的体能训练是最适当的方法。例如，当一位消防员由于受伤，等身体恢复重返训练时，基于恢复期的体能训练计划进行自我监督，会起到立竿见影的效果。

小结

>> 体能测试是评估消防员身体健康、体能储备和职业能力的必要性手段。在选择测试内容之前，应先针对基础体能及工作任务进行需求分析，以帮助并确保测试能够准确地评估消防员体能要素。测试工作应包括基础体能测试和职业能力适应测试。测试结果应记录在案，形成数据库，并且需要与公认的标准常模进行比较，从中找出不足，采取个性化的运动处方加以干预。

第五章
热身运动

消防员在进行训练前应进行热身准备活动，热身是训练中必不可少的内容，这一点很重要。一套精心设计的热身运动能够增加骨骼肌血流量，提高体温，增强代谢反应，并增大关节的活动范围，从心理上和身体上使消防员为训练做好准备。这些效果能够通过增强氧气输送量，提高神经冲动的传输速度，提高力量增长率，增大力量和爆发力来提高训练表现，降低受伤风险和减少练习后肌肉疼痛的可能性。此外，热身活动应与消防员的需求目标和能力保持一致，能够为接下来的训练及任务行动打好基础，建立所需的节奏。

完整的热身运动通常包括两项内容。第一项内容是由 5 ～ 10min 的中低强度（约为 50% 最大心率）的心肺功能练习组成的一般性热身，主要是大肌肉群参与的基础练习，能提高心率、血流量、肌肉温度和身体体温，其特征表现为身体出汗，如慢跑或固定式自行车练习。第二项内容是专门性热身，包括拉伸活动和与随后要进行的训练项目很相似的练习动作，强调功能性的动作模式，目的是为了使身体逐渐适应训练中不断变化的动作及生理需求，避免过度疲劳，如一些动态拉伸动作及速度训练前的摆臂练习、身体激活等。

本章重点集中在动态热身运动对消防员的训练的影响，论述消防员进行热身运动的生理机制，并着重介绍动态拉伸方案的实施。

第一节
拉伸与运动表现

拉伸活动是热身运动的重要组成部分，其首要目的则是为了增强柔韧性，包括提高肌肉韧性及改善关节活动范围。热身中的拉伸有两种形式，一是静态拉伸，是由静止开始，缓慢地将所要练习部位的肌肉韧带拉长、关节活动范围增大，到一定程度后静止不动，保持一段时间的牵拉技术。二是动态拉伸，是一种通过运用与运动项目相似的动作，帮助身体适应接下来的运动训练或工作的功能性的牵拉技术，其重点是运动专项的动作组合需求，而不是单独的某一块肌肉的动作需求。由此可见，热身运动中最佳的拉伸方式为动态拉伸。实际上，静态拉伸的做法近年来受到国内外运动训练专家的质疑，一些科学家和医务人员提出将在训练前将静态拉伸取消可能会有好处。

一、静态拉伸

静态拉伸运动可以增强柔韧性，而柔韧性是体能评价中的一项评价指标。但是，几乎没有证据表明训练前静态拉伸能够防止消防员损伤或提高消防员的训练能力，即使参加柔韧性要求较高的专项练习者，也必须考虑静态拉伸的潜在风险和相关注意事项。

相反，越来越多的研究证据表明，训练前对主要参与肌肉的静态拉伸运动，实际上可能会对爆发力、有氧耐力、反应时间和速度等产生负面影响。在一项检验静态拉伸运动对大学生田径练习者短跑成绩影响的实验中发现，在静态拉伸后进行40m短跑测试，运动成绩降低了3%。也有研究表明，训练前的静态拉伸能够降低爆发力，可能会对随后的运动表现产生不利的影响。

静态拉伸所产生的负面影响可能与神经系统兴奋性降低、肌腱硬度的下降或神经肌肉控制等因素有关。过度的静态拉伸会导致肌肉损伤，这也就可以解释静态拉伸所引起的运动表现下降。尽管静态拉伸运动对运动表现的不利影响日益明显，但还需进行下一步的研究来确定产生这种运动表现下降背后的生理机制以及产生负面影响的具体拉伸方案和练习条件。

在某些情况下，静态拉伸运动后的即刻运动表现降低可能会持续长达1h。即使运动表现上有1%的变化，也可能会对个人或集体训练结果产生不利的影响。因此，消防员进行热身运动时，应当考虑静态拉伸的消极影响，尤其是涉及力量与爆发力的训练项目。

当然，并不是说把静态拉伸运动从消防员的训练计划中去掉，而是应该将其合理地融合到日常的训练活动中，因为长期性的静态拉伸练习可以改善柔韧性、扩大关节的活动范围，在一定程度上可以促进力量与爆发力的提高，同时，静态拉伸可以对身体各部位进行放松，缓解身体疲劳，促进身体快速有效的恢复。因此大多数消防员应在训练结束后的再生恢复环节进行静态拉伸活动，或将其作为单独训练项目。对柔韧性需求较高的练习者来说，赛前的静态拉伸练习有利于竞技能力提高，但要注意安排在动态练习之后，例如体操练习者。

二、动态拉伸

动态拉伸也称为动态热身，随着运动科学的发展，对提高运动表现的各种训练方法也逐渐完善，模拟训练和任务动作的各种动态热身活动越来越多。动态热身的强度从低到高，其目的是提高体温、增强肌肉兴奋性、培养运动知觉意识，并最大限度地扩大关节的活动范围。动态热身练习关注的不是个别肌肉或关节，而是某一项练习或专项动作的功能性需求。常用"准备活动"一词来描述这类练习，主要是让消防员为接下来的具体任务或训练项目做准备。

1. 动作的功能性

动态热身不会涉及大强度肌肉力量的动作，而是对特定的肌肉群进行动作控制的拉伸。在动态热身过程中，随着动作幅度的不断加大，肌肉为离心收缩状态被动拉伸，然后再进行向心收缩主动完成所需要的动作。因此，肌肉群在整个动作范围内都不会放松，而是始终保持收缩状态。例如，练习者在动态热身动作中的弓步走练习中，如图 5.1 所示，弓步动作时，会增大步幅，同时使前腿膝关节保持在脚的正上方或略靠后于脚，而后腿膝关节刚好离地。

图 5.1　弓步走

在理想情况下，动态热身练习应当从较低强度的动态运动过渡到与训练项目相类似的较高强度的活动。要提高运动表现就必须进行较高强度的热身，因为高强度热身是赛前准备的重要内容。例如，消防员要进行跨越障碍训练，可以先从小步跑开始热身，然后再变为爆发性跳跃练习，如果进行速度练习，可以开始进行高抬腿练习，然后进行一系列的冲刺训练，以便为接下来的训练达到最高水平的体能状态做好准备。高强度动态热身固然重要，但是要避免由于过量练习而导致的过度疲劳。无论采用什么样的动作，消防员都必须重视正确的动作技术要领，以便强化正常完成动作所需的关键性技术因素。

2. 激活后增强效应

在对跳跃类等爆发性训练项目的准备活动中，消防员的动态热身练习可以利用激活后增强效应，它是指一次性最大或次最大力量负荷后出现运动表现提高的一种现象。激活后增强效应是通过增加肌球蛋白轻链的磷酸化，提高神经肌肉功能，或改变肌肉羽状角体积，来为运动表现创造最佳的环境。虽然激活后增强效应的确切机制尚不明朗，但有证据表明，骨骼肌对刺激负荷的反应受其之前收缩过程影响。

短时间的重复性刺激可引起增强性收缩反应，而过大的刺激可能会降低收缩反应，导致肌肉疲劳，这种疲劳可能会在重复性刺激过程中和随后一段时间内共同存在。因此，消防员在采取激活后增强效应进行热身时，必须考虑这两种现象之间的相互作用，需要对动态热身方案进行个性化的设计，可以通过多次的训前热身来寻求它们之间的平衡点。

动态热身方案能显著提高身体的肌肉性能，主要的原因在于肌肉激活后增强效应。但是，激活后增强效应运用于训练中，还需要考虑许多因素，如训练经验、力量水平、热身运动的强度以及恢复时间等因素。此外，在动态热身练习中应用激活后增强效应时，还应当考虑个体的差异。

激活后增强效应在实践中需要注意练习之后与训练或比赛开始之间的时间间隔。增强练习后肌肉性能增强会存在一段时间，这一时间取决于各种复杂因素之间的相互作用，包括消防员的肌纤维类型、训练经验以及热身练习的设计等。有研究指出，激活后增强效应提高爆发力运动表现的最佳时间是在练习之后的 4～12min。也有少量的研究表明，激活后增强效应可能会持续数小时。值得注意的是，增强练习后肌肉性能是先恢复再增强，早期阶段主要是疲劳恢复，疲劳下降速率快，就会在随后的运动当中出现增强效应。

第二节
动态热身方案

动态热身活动可以显著提高动作技能水平，还能使身体为后续运动中可能出现的各种不可测或突发因素做好准备，例如随意的动作、变化的环境、激烈的竞争等。因此，动态热身方案必须精心设计，并正确地进行动作练习。

一、制定目标计划

　　动态热身运动首先要动员消防员的神经肌肉系统，使其为接下来的任务、训练或比赛做好准备。一般步骤为：热身、激活和激励。热身强调的是体温的提高；激活是指使神经肌肉系统产生兴奋或得到加强；而激励则是使消防员从心理上为任务、训练或比赛做好准备。动态热身练习项目的选取可以种类多样。很长一段时间以来，大多数消防基层队伍的热身仅是围绕训练场的慢跑和徒手健身操，形式较为单一，这种千篇一律的做法容易使消防员产生懈怠，影响热身效果。其实还可采取包括跳绳、多组动态拉伸动作、身体重量抗阻练习、健身器材练习、绳梯练习或运球练习等综合性的热身项目，这些练习都能够有助于丰富消防员的热身手段，提高运动技能，并对整个训练过程产生积极作用。

　　动态热身活动的一项基本原则是，热身练习的动作模式要与任务、训练或比赛过程中的动作模式尽量一致。日常的动态热身运动不需要器材或大面积的场地，消防员通常要做好每一个功能性的基础动作，并完成规定的重复次数或达到预定的距离。正常情况下，消防员要完成 8～12 项不同的练习，从相对简单的动作过渡到运动幅度大、动作比较复杂的练习。精心设计的动态热身练习方案不仅提高消防员体能水平，而且对持续的体能训练计划都能起到时效性作用。但是，有一点需要强调，热身运动的目的是热身、激活和激励，而不应产生过度疲劳。如果热身练习强度太大，肌肉无法从动态热身运动中产生的疲劳中得到恢复，那么就会导致运动表现的下降。

　　实施过程中，可以整合热身活动中的各种动态练习动作，提高准备活动的效率。例如，在弓步走动作中加入提膝练习，以便在较短的时间内使更多的肌肉得到拉伸。无论如何，消防员在练习每一个动作时，都要正确完成技术动作，如果有体能教练，应该接受教练员对动作要领的指导，例如，躯干挺直、在脚的上方、膝关节靠拢胸部等。

二、动态热身练习

　　由于动态热身练习中可以融入大量练习动作，因此接下来介绍的练习动作，只是一般性练习动作，消防员在制订个性化的动态热身方案时可以参考，也可以从其他书籍、网络或手机 APP 软件中找到适合自己的动态练习动作融入其中，还可以将力量、速度、灵敏性训练中的一些简单动作加入动态热身方案中。同时应注意，要基于接下来的任务、训练或比赛设计动态热身方案，提高动态热身方案的动作相关性。动态拉伸练习的动作次数和重复组数并不固定,要根据实际情况确定,例如,进行抱膝前进,可以重复 3 组,每组 5～8 次,若练习动作较多,则可调整为重复 2 组,每组 4～6 次。另外,在动态练习过程中,每个动作都可以进行 2～3 次的弹动牵拉。

1. 抱臂扩胸

目的:增进肩锁关节灵活性、拉伸胸肌、三角肌。

动作要领:身体正直,向两侧抬起双臂至肩高;将双臂交叉于体前,双手抱住对侧的肩膀;保持一小会儿,然后将双臂打开最大,使胸肌完全伸展;重复该动作。如图 5.2 所示。

图 5.2　抱臂扩胸

2. 体转练习

目的:增进躯干及肩关节灵活性。

动作要领:身体正直,双脚分立与肩同宽,双臂弯曲平抬于胸前;腰部发力向身体左侧转动 90°;再向右侧转动 90°,重复以上动作,避免肩动腰不动。如图 5.3 所示。

3. 身体锯木

目的:增进躯干肌群核心稳定性。

图 5.3　体转练习

动作要领：身体俯卧，利用脚趾和前臂保持身体平衡；身体向后移动，踝关节弯曲时前臂朝地面下压；身体向前移动恢复开始姿势，重复以上动作。如图 5.4 所示。

图 5.4　身体锯木

4. 燕式平衡

目的：增进躯干核心稳定性和稳定性、拉伸臀肌和股后肌群。

动作要领：身体正直，并用右脚保持身体平衡；躯干前倾，同时左腿向后伸展，双臂向两侧打开；保持身体与地面平行，同时脊柱挺直；恢复到开始姿势；换另一条腿重复以上动作。如图5.5所示。

图5.5　燕式平衡

5．爬虫练习

目的：增进躯干核心稳定性、拉伸四肢肌群。

动作要领：双脚开立，与肩同宽；双膝微弯，以髋为轴向前屈体，并将双手放于地面，同时保持双膝微弯；双手交替向前爬行至直臂支撑姿势；双脚小步移向双手，双膝微弯；重复以上动作。如图5.6所示。

图5.6　爬虫练习

6．提膝向外转髋

目的：增进髋关节灵活性。

动作要领：身体正直，双手自然下垂或放于耳后；原地抬起左膝至最大高度并向左转动 90°；左腿落地后再抬起右膝至最大高度并向右转动 90°；同时保持躯干正直，面向前方。如图 5.7 所示。此动作可于行进间练习。

图 5.7　提膝向外转髋

7. 提膝向内转髋

目的：增进髋关节灵活性。

动作要领：身体正直，双手自然下垂或放于耳后；左膝原地外展并抬至最大高度；将左腿摆至身体中线并落于地面；右腿重复以上动作；同时保持躯干正直，面向前方。如图 5.8 所示。此动作可于行进间练习。

图 5.8　提膝向内转髋

8. 站立盘腿

目的：增进髋关节灵活性、拉伸臀肌和股后肌群。

动作要领：身体正直，左脚向前迈步；右膝尽量往上抬起，同时将膝关节外展；右手放在右膝上，左手放在右踝关节上，不要抓脚，将小腿向上提；放下右腿，向前迈步的同时换左腿重复以上动作；动作过程中身体保持正直姿势。如图5.9所示。

图 5.9 站立盘腿

9. 前弓步伸展

目的：增进肩关节、髋关节灵活性，拉伸上肢、躯干肌群及股四头肌、髂腰肌。

动作要领：身体正直，双脚分开大约与肩同宽；左腿向前迈一大步成弓步，并使左膝处于左脚正上方；右膝落至离地面1～2cm；此时，分别向前、向上、向左、向右伸展双臂并保持躯干正直；左腿蹬地回到开始姿势并换右腿重复以上动作。如图5.10所示。

10. 后弓步

目的：增进髋关节灵活性，拉伸股四头肌、髂腰肌。

动作要领：身体正直，双脚分开与肩同宽，双手放于耳后；躯干与地面垂直，左腿向后迈一大步。身体重心下降右膝离地面 1 ～ 2cm；左腿蹬地，使右腿回到开始姿势；换左腿重复上述动作。如图 5.11 所示。

图 5.10　前弓步伸展

图 5.11　后弓步

11. 侧弓步

目的：增进髋关节灵活性、拉伸股内侧肌。

动作要领：身体正直，双脚分开与肩同宽，双臂前平举；左腿向左侧迈一大步；髋关节向地面下压；左腿蹬地收回至开始姿势，换右腿重复上述动作。如图 5.12 所示。

图 5.12　侧弓步

12．抬脚后提

目的：拉伸股四头肌。

动作要领：身体正直，左腿向前迈步；右脚向后抬起；用右手抓住右踝关节，并将脚拉向臀部；放下右腿，向前迈步的同时换左腿重复以上动作；动作过程中保持身体正直姿势。如图 5.13 所示。

图 5.13　抬脚后提

13．直腿上踢

目的：增进髋关节活动范围、拉伸臀肌和股后肌群。

动作要领：身体站立，双臂伸过头顶，双腿分开与肩同宽；左腿向前跨步；右腿向上踢，同时保持躯干正直，腿部绷直；双手向前移动触碰右脚尖；放下右腿，双臂回到开始姿势；换另一条腿重复以上动作，向前行进。如图5.14所示。

图 5.14　直腿上踢

14．抱膝前进

目的：增进髋关节灵活性、拉伸臀肌和股后肌群。

动作要领：左腿向前跨步；右大腿向胸前上抬，同时保持正直姿势；双手抱住右膝关节的前部将右大腿拉向胸部；放下右腿，换另一条腿重复上述动作，向前行进。如图 5.15 所示。

图 5.15　抱膝前进

15. 脚掌漫步

目的：增进踝关节灵活性、拉伸小腿肌群。

动作要领：身体正直，双脚分开与肩同宽；左脚向前迈步，脚跟落地；左脚掌快速向前滚动至脚跟抬起；右脚重复以上动作，交替向前。如图 5.16 所示。

图 5.16　脚掌漫步

16. 跳跃拍脚

目的：增进跑步类项目的身体灵活性。

动作要领：身体正直，左脚向前跳一小步，同时右膝高抬并外展，用左手拍打右脚掌内侧；重复以上动作拍打左脚，交替进行并完成一定距离。如图 5.17 所示。

图 5.17　跳跃拍脚

三、伟大拉伸

在不同的拉伸中，有一个动作称为"伟大拉伸"，之所以"伟大"，是因为在一次牵拉伸展的动作过程中，它可以训练到肩关节、胸锁关节、躯干和髋关节，还可以拉伸全身多处肌肉群，例如，胸肌、后背肌群、髂腰肌、股四头肌、股后肌群等，可以说这个动作非常全面。而且，伟大拉伸既有动态牵拉，也有静态牵拉，可以在运动开始之前作为动态热身动作来进行，也可以在运动结束以后作为静态放松动作来使用。

1. 站立姿势、直臂支撑

动作要领：身体正直，双脚微微分开，保持双腿伸直（如果做不到可以屈膝完成），屈髋向前屈体，至双手触地，然后双臂依次向前移动；双臂移至肩关节正下方，此时背部挺直，呈直臂支撑状态，让身体从头到脚呈一条直线。如图 5.18 所示。

图 5.18　伟大拉伸 1

2. 向前弓步、手臂伸展

动作要领：保持身体稳定，抬起一条腿向前迈一大步呈前弓步状态，同侧手臂于外侧落地，然后同侧手臂离地并向外侧打开至最大幅度。如图 5.19 所示。

3. 手臂向内、再次伸展

动作要领：旋转双肩向内收，同时手臂向身体下方绕过，如图 5.20 所示；然后再次向外侧打开至最大幅度，重复这一动作 4 次。

图 5.19　伟大拉伸 2

图 5.20　伟大拉伸 3

4. 手臂贴地、上下弹压

动作要领：收回手臂，然后屈肘并向下压，使手肘尽可能靠近地面，使手肘在自己能力范围内上下弹动 4 次。如图 5.21 所示。

图 5.21　伟大拉伸 4

5. 双手触地、跨步伸腿

动作要领：手臂还原落地，至双手触地状态，然后在跨步的基础上，臀部向后上方移动，尽量使双腿伸直。如图 5.22 所示。

图 5.22　伟大拉伸 5

6. 双手高举、弓步伸展

动作要领：重心下压，使前腿还原至前弓步状态，保持身体稳定，双手离地，上半身向上挺起，双臂向上高举。如图 5.23 所示。

图 5.23　伟大拉伸 6

7. 直臂支撑、换侧重复

动作要领：双臂下压，双手落地位于肩关节正下方支撑身体，前侧腿向后伸直至直臂支撑状态，换另一侧腿，完成上述动作。

8. 直臂支撑、起身站立

动作要领：两侧腿都做完后，呈直臂支撑状态，双手交替依次向后移动，

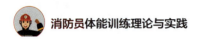

至双脚前侧，并起身还原。

小结

> 动态热身运动可以让消防员身体和心理上为接下来的任务、训练或比赛做好准备，可以提高体温、扩大关节活动范围以及增强运动神经功能，提高训练效果和运动表现。消防员热身运动的优化方案有待于深入研究，便于结合消防职业特色、贴近实际工作任务，同时要注意热身不足或是热身过量对消防员损伤风险的影响。无论怎样，精心设计的动态热身方案有利于消防员的训练水平提高，应当加强认识，提高重视程度，结合自身实际体能及训练情况，认真制订热身运动。

第六章
再生恢复训练

灭火救援任务的艰巨性决定着消防职业人员重体力活动者的职业特性，以及体能、技能训练的常态化。灭火战斗及大强度训练容易使消防员产生运动性疲劳，运动性疲劳是指当训练和任务负荷超过机体的承受能力，而产生的暂时的生理机能减退现象。产生疲劳是训练的正常反应，如果不注重恢复，将会降低工作效率，威胁消防员的体质健康，严重的会造成伤病困扰。一般来说，轻度疲劳身体会迅速恢复；中度疲劳则需要较好地调整和休息；重度疲劳要想尽快使身体的各项生理指标恢复到原水平或要做到超量恢复，就更需要有效的恢复手段。虽然消防员的运动性疲劳也会与心理因素有关，但毋庸置疑，身体上的积极恢复是其关键性的因素。因此，消防员的体能训练，必须重视训练后的放松及恢复再生。

训练后的放松叫做再生恢复训练。许多消防员在训练后，并不重视恢复，例如，做一些简单的拉伸，或者根本不练，直接休息。这种休息称之为消极性恢复，不仅不能让机体恢复到很好的状态，有时还会让机体处于疲劳的状态，所以需要一套系统的恢复体系，再生恢复体系则应运而生。再生恢复训练是体能训练过程中的重要组成部分，是指在运动之后，采取一些积极性的恢复手段，将富含氧气的血液输送到肌纤维，通过渗透，细胞中的部分水分返回到血液中，使运动肌肉不再僵硬，并使呼吸减缓，最终恢复到正常状态的过程。再生恢复训练已经得到人们的高度重视，从过去只有疲劳才需恢复，转变到没有有效的恢复就不能高效的训练和比赛的认识层次。

再生恢复训练的意义有以下几个方面。

第一，做好充分的再生恢复训练是取得良好运动效果及预防运动损伤的重要手段之一。剧烈运动时骨骼肌强力持续收缩，使代谢产物堆积、肌肉硬度增加并产生酸痛。运动结束后很难使肌肉自然恢复到运动前的松弛状态，这样会增加运动损伤产生的风险。

第二，运动后进行放松性再生恢复训练，可加速全身血液重新分配，促进肌乳酸的消除与利用，减少肌肉的延迟性酸痛，有助于疲劳的消除，预防重力性休克的发生。

第三，运动后进行静态拉伸练习，可使参与工作的肌肉得到牵张、伸展和放松，可有效地消除运动引起的肌肉痉挛，加速肌肉机能的恢复，预防延迟性肌肉酸痛。

再生恢复训练采取的一些积极性恢复手段通常有拉伸整理、肌筋膜释放、放松练习、按摩、变换运动方式等，并配合营养和物质能量补充等一系列方法手段加快机体恢复。

第一节

整理活动

研究发现，中高强度训练后15min内安排简单的整理活动有助于防止血液内白细胞数量下降。这说明整理活动可以促进训练后恢复，并降低免疫系统的应激反应，而直接结束训练会对机体系统造成巨大危害。可以把整理活动比喻为关闭电脑时电脑主菜单上的关闭选项，电脑关机并非简单的直接拔掉电源，当电脑按步骤关机时，会自己清理文件，并依次关闭应用程序。同样，身体在整理活动时也会进行如上的程序。在整理活动过程中，体内堆积的乳酸能够得到快速的消除，并帮助所有系统恢复到稳定状态。进行整理活动时，消防员体温会逐渐恢复到正常，中枢神经系统稳定下来，为身体的后续恢复做好了准备。

在整理活动部分，消防员可以做一些温和的静态拉伸练习，每次拉伸持续30s，或做5次缓慢呼吸，这样可以缓解肌肉的酸痛，减少受伤的机会，增强身体活动功能，增强柔韧性，提高协调和控制的能力，改善体态和缓解腰背痛。此外，PNF拉伸也可以用来训练后进行放松，尤其是运动康复领域。消防员体能训练后的即刻整理活动可以从下面的拉伸练习中选择性的实施。

一、静态拉伸

在热身运动章节中对静态拉伸的定义是，由静止开始，缓慢地将所要练习部位的肌肉韧带拉长、关节活动范围增大，到一定程度后静止不动，保持一段时间的拉伸技术。它是一种常用于训练后或专门柔韧性训练的牵拉技术。

1. 股四头肌静拉

（1）站立股四头肌静拉　动作要领：在站立姿势下，将一只脚向后抬起并抓住踝关节；将踝关节拉向臀部并轻轻将臀部向前推；每条腿持续30～60s，然后重复4～5次。如图6.1所示。

（2）侧卧股四头肌静拉　动作要领：保持侧卧，弯曲膝关

图6.1　站立股四头肌静拉

节，抬起一只脚朝向臀部，并抓住踝关节；拉动踝关节朝向臀部轻轻向前推动，每条腿持续 30～60s，然后重复 4～5 次。如图 6.2 所示。

图 6.2　侧卧股四头肌静拉

2. 股后肌群静拉

（1）站姿股后肌群静拉　动作要领：在站立姿势下，一只脚向前迈步，保持前腿伸直并且后腿轻微弯曲；将前脚的脚尖勾起（背屈），然后躯干保持正直向前弯曲，双手触摸前脚脚尖，直到前腿后部感到绷紧为止；如果需要增加伸展度，则可以将后退伸直；每条腿保持 30～60s，然后重复 4～5 次。如图 6.3 所示。

图 6.3　站姿股后肌群静拉

（2）坐姿股后肌群静拉　动作要领：坐姿，保持一条腿伸直，另一条腿膝关节弯曲（屈腿的脚位于直腿的大腿内侧），然后躯干向前弯曲，双手触摸伸直腿脚尖，直到伸直腿后部感到绷紧为止；每条腿保持30～60s，重复4～5次。如图6.4所示。

图6.4　坐姿股后肌群静拉

3. 内收肌群静拉

（1）坐姿内收肌群静拉　动作要领：坐姿，脚掌在身体前方并拢。将双手放在小腿内侧，使前臂压于膝关节内侧；轻轻向下按直到感觉不适为止；保持30～60s，然后重复4～5次。如图6.5所示。

图6.5　坐姿内收肌群静拉

（2）侧向内收肌群静拉　动作要领：保持较宽的双脚跨立姿势，弯曲一个膝关节，将身体重心缓慢降低至弯腿一侧，同时保持另一条腿伸直，直到感到不适为止；保持 30～60s，每条腿重复 4～5 次。如图 6.6 所示。

图 6.6　侧向内收肌群静拉

4. 小腿后侧肌群静拉

（1）小腿后侧肌群正常静拉　动作要领：一只脚在前，另一只脚在后，前腿膝关节弯曲，重心移向前下方，保持后退笔直，同时后脚全脚掌着地，直到后小腿感到不适感为止；此姿势每只腿保持 30～60s，然后重复 4～5 次。如图 6.7 所示。

图 6.7　小腿后侧肌群正常静拉

（2）小腿后侧肌群进阶静拉　动作要领：重复小腿后侧肌群正常静拉动作，但后腿膝关节略微弯曲。如图 6.8 所示。

图 6.8 小腿后侧肌群进阶静拉

5. 髋与下背部静拉

（1）**盘腿静拉** 动作要领：仰卧姿势，左膝弯曲，左脚平放于地面；右腿越过左腿，使右踝关节放在左大腿的下 1/3 处；双手抓住左侧大腿膝关节位置，将其轻轻地拉向右侧肩膀，直到臀部和髋关节感到不适；保持 30～60s，然后重复 4～5 次。如图 6.9 所示。

图 6.9 盘腿静拉 1

如果无法将双腿抬高至胸口，可在坐姿下进行拉伸。如图 6.10 所示。

（2）**前跨步静拉** 动作要领：从站立位置向前迈出一步，呈前弓步姿势，直到后腿膝关节落于地面，并且前腿呈 90°；逐渐向前移动臀部，躯干保持正直,直到后腿的前髋关节出现轻微不适为止;每条腿保持 30～60s,然后重复 4～5 次。如图 6.11 所示。

图 6.10　盘腿静拉 2

图 6.11　前跨步静拉

（3）提膝静拉　动作要领:仰卧,一条腿伸直,另一条腿膝关节弯曲,两只手紧紧抓住弯曲腿膝关节下方位置,将膝关节向胸部提拉,直到感到不适为止;每条腿保持 30～60s,然后重复 4～5 次。如图 6.12 所示。

6. 颈部与躯干静拉

（1）颈部侧屈静拉　动作要领:坐姿或站立姿势,将头部沿矢状轴向一侧弯曲，直到另一侧感到不适；每侧保持 30～60s，然后重复 4～5 次。如图 6.13 所示。

图 6.12　提膝静拉

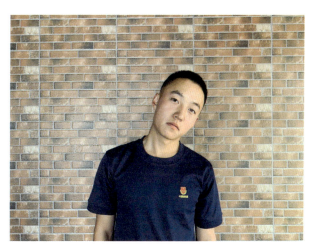

图 6.13　颈部侧屈静拉

（2）**颈部转动静拉**　动作要领：坐姿或站立姿势，将头沿垂直轴向一侧旋转，目视肩膀方向，直到另一侧感到不适；每侧保持 30～60s，然后重复 4～5 次。如图 6.14 所示。

（3）**躯干侧弯静拉**　动作要领：站立姿势，双臂完全伸过头顶，紧握双手并向一侧弯曲；每侧保持 30～60s，然后重复 4～5 次。如图 6.15 所示。

图 6.14　颈部转动静拉

图 6.15　躯干侧弯静拉

7. 肩关节与胸部静拉

（1）**肩胸静拉**　动作要领：站立姿势，双臂向后完全伸展，紧握双手并轻轻向上移动，同时向前推动胸部；保持 30～60s，然后重复 4～5 次。如图 6.16 所示。

（2）**横臂静拉**　动作要领：坐姿或站立姿势，将一只手臂向内侧平举伸出，肩膀保持下垂状态。使用另一只手臂，轻轻向内牵拉伸出的手臂，直到伸出的手臂感到不适。每只手臂保持 30～60s，然后重复 4～5 次。如图 6.17 所示。

图 6.16　肩胸静拉

图 6.17　横臂静拉

二、PNF 拉伸

　　PNF 拉伸完整名称是本体感受神经肌肉性促进法拉伸，它是以人体螺旋对角线运动模式为基础，通过刺激人体本体感受器，来激活和募集最大数量的运动肌纤维参与活动，促进主动肌与拮抗肌的交互收缩与放松，从而增强神经的兴奋、抑制的转化能力以改变肌肉的张力，并且可以有效地扩大关节活动范围。PNF 拉伸可以用于训练后进行放松，尤其是运动康复领域，先让肌肉强力收缩诱发反射性的自我抑制，等肌肉因反射作用松弛后，再利用伸展运动让肌肉放松，具有很好的互动性和对柔韧性很强的改善效果。

1. PNF 技术

PNF 拉伸可以分为三种技术：固定放松技术、收缩放松技术和主动肌收缩固定放松技术。每种技术都需要同伴的配合，对消防员来说很容易实现。下面结合腘绳肌，对 PNF 拉伸的三种技术进行解释。如图 6.18 所示。

图 6.18　PNF 拉伸技术

（1）**固定放松技术**　动作要领：被动拉伸肌肉至轻度不适感并保持 10s；之后进行目标肌肉的等长收缩抵抗 6s；短暂放松被拉伸的肌肉后进行第二次被动伸展至不适点，持续 30s。

（2）**收缩放松技术**　动作要领：被动拉伸肌肉至轻度不适感并保持 10s；之后进行目标肌肉的对侧拮抗肌肉的向心收缩，同伴提供轻微阻力，短暂放松被拉伸的肌肉后进行第二次被动伸展至不适点，持续 30s。

（3）**主动肌收缩固定放松技术**　动作要领：被动拉伸肌肉至轻度不适感并保持 10s；之后进行目标肌肉的等长收缩抵抗 6s，短暂放松被拉伸的肌肉，然后进行目标肌肉的对侧拮抗肌肉的向心收缩，最后，进行第二次被动伸展至不适点，持续 30s。

三种 PNF 拉伸技术都分为三个环节：一是被动静力式拉伸，持续时间一般为 10s；二是肌肉的主动活动，持续时间与组数依据具体操作而定；三是被动静力式拉伸，持续时间一般为 30s。由此可见，三种技术的第一和第三环节一样，所不同的是第二环节，同样如图 6.18 所示，固定技术要求腘绳肌等长收缩做抵抗，收缩技术要求股四头肌向心收缩做抵抗，主动肌技术则是两个技术的结合。三项技术都可用于主要肌群的 PNF 拉伸。

2. 主要肌群的 PNF 拉伸

（1）**大腿后侧肌群 PNF 拉伸**　动作要领：仰卧，双腿伸直，双手伸向两侧（手掌朝下）；一条腿在同伴的帮助下被动地抬高到不适的程度；同伴跨骑在另一条腿上，一只手握住踝关节，另一只手放在拉伸腿的大腿上（正好在膝关节上方）。如图 6.18 所示。

（2）**小腿肌群 PNF 拉伸**　动作要领：坐姿，双腿伸直，双手伸向两侧（手掌朝下）；一条腿在同伴的帮助下被动地抬高到不适的程度；同伴跨骑在另一条腿上，一只手握住脚尖向下按压，另一只手放在拉伸腿的大腿上（正好在膝关节上方）。如图 6.19 所示。

图 6.19　小腿肌群 PNF 拉伸

（3）**内收肌群 PNF 拉伸**　动作要领：坐姿，双膝弯曲，脚掌并拢；同伴可以跪在训练者的后面，并将其双手放在训练者膝关节的内部。如图 6.20 所示。

（4）**大腿前侧及髋关节 PNF 拉伸**　动作要领：俯卧，双腿伸直；同伴位于训练者的大腿之间，将一只手放在拉伸腿大腿的下 1/3 处，另一只手按压训练者上背部。如图 6.21 所示。

（5）**胸部 PNF 拉伸**　动作要领：坐姿或跪姿，双手互锁放于脑后；同伴站在训练者身后，以腿部支撑训练者后背，双手握住训练者肘关节。如图 6.22 所示。

图 6.20 内收肌群 PNF 拉伸

图 6.21 大腿前侧及髋关节 PNF 拉伸

图 6.22 胸部 PNF 拉伸

（6）肩关节 PNF 拉伸　　动作要领：坐姿或跪姿，双臂向后伸展；同伴站在训练者身后，双手抓握训练者前臂。如图 6.23 所示。

图 6.23　肩关节 PNF 拉伸

第二节

按摩与肌筋膜放松

按摩对身体的恢复有非常大的好处，会帮助身体实现深度放松，并产生一些类似于冥想恢复的功能，如情绪的稳定、心理的放松和全身感觉的舒适。

一、按摩放松的方法

按摩最简单的工具就是我们的双手。用手去按摩身体各个部位，并体会各个部位触摸的感觉。按摩的路线要与肌纤维的走向一致，从肌纤维的起点开始，到终点结束。在这个过程中会出现一碰就痛的敏感点，这个位置被称为扳机点。

此外，利用泡沫滚轴对肌肉的筋膜组织实施按摩也是目前极受欢迎的再生恢复手段，不仅因为其良好的恢复效果，而且因为这些器材相对便宜，轻便且携带方便。当然，现实工作、生活中也可以选择类似器材作为肌筋膜按摩的工具，比如一些球状物、按摩棒，甚至一根木棍也可用来进行按摩。

使用按摩工具所采用的技术方法都基本相同，最常见的是肌筋膜释放和扳机点松解，这两种方法除了用于训练后的放松之外，也可运用于训练或比赛前的热身环节当中，以有效地激活身体。具体实施时将按摩工具放在地板上，把腿、手臂或背部放在上面施加压力，也可以将按摩工具放于身体和墙壁之间，如果感觉压力适中，就让按摩工具慢慢沿肌纤维滚动几次，在感觉很僵硬或很敏感的部位停留一会儿。一般来说，自我按摩时按摩的工具要从身体的末端向中心移动，也就是工具从身体的外围向中心移动。如果感觉从肌肉的一端到另一端来回移动也比较有效的话，也可以采用这种方式。可以做全身性按摩，也可以做一些局部的按摩，例如足底筋膜和髂胫束的按摩。每块肌肉或每个身体部位都要按摩数次。但是，如果肌肉已经发炎或过度疲劳，过度按摩会使情况恶化，妨碍身体恢复。一些大肌肉群在按摩时需要的按摩力度要比小肌肉群大一些，在按摩时要根据身体的感受来决定按摩的动作和力度。

二、肌筋膜释放

肌筋膜释放方法可以利用泡沫滚轴来实施。其原理是通过自身重量的下压力和泡沫滚轴对放松部位的支撑力共同作用挤压运动后长度缩短的肌肉群。由于长时间大强度运动训练可以导致人体的交感神经高度兴奋，造成练习者肌肉静态肌张力升高而使运动后肌肉长度缩短，通过泡沫滚轴的挤压力可以放松深层的神经，从而达到放松整条肌群的目的。此外泡沫滚轴还有促进血液、淋巴回流和重塑肌肉形态的功能。

当练习者利用自身体重使泡沫滚轴、按摩棒等按摩器材在肌肉上产生一定压力时，肌肉张力便会增加，从而激活位于肌腱位置的张力变化感受器——高尔基腱器官，进而抑制肌肉纤维内的肌肉长度变化感受器——肌梭，降低该肌肉及肌腱张力，最终放松肌肉、恢复肌肉功能性长度及提高肌肉功能，并加快血液循环，降低筋膜组织粘连及疤痕组织堆积。

1. 臀肌群放松

动作要领：膝关节弯曲或双腿伸直坐在地板上；在臀部的一侧下方放置一个泡沫滚轴；对整个臀肌群来回滚动，从小区域开始并逐渐扩大范围。如图6.24所示。

图 6.24　臀肌群放松

2. 股后肌群放松

动作要领：将腿向前方伸直坐于地板上；然后将泡沫滚轴放在一条腿的大腿下方；首先以小幅度的动作来回滚动，逐步从臀部底部移至膝关节后上方。如图 6.25 所示。

图 6.25　股后肌群放松

3. 股四头肌放松

动作要领：俯卧，然后在大腿下方放置一个泡沫滚轴；沿着大腿来回滚动，首先以小幅度的动作来回滚动，逐步扩大范围。如图 6.26 所示。

图 6.26　股四头肌放松

4．屈髋肌放松

动作要领：俯卧，然后将泡沫滚轴放在骨盆下方腹股沟位置；以小幅度的动作来回滚动。如图 6.27 所示。

图 6.27　屈髋肌放松

5．髋内收肌放松

动作要领：俯卧，然后将泡沫滚轴放在一条腿的大腿内侧下方；首先以小幅度的动作来回滚动，逐步扩大范围。如图 6.28 所示。

图 6.28 髋内收肌放松

6. 髂胫束放松

动作要领：身体侧卧，在大腿外侧下方放置一个泡沫滚轴；另一条腿可以叠放于放松腿上，也可以移到前面以帮助平衡；首先以小幅度的动作来回滚动，逐步扩大范围。如图 6.29 所示。

图 6.29 髂胫束放松

7. 小腿后侧肌群放松

动作要领：将腿向前方伸直坐于地板上，然后将泡沫滚轴放在一条腿的小腿下面，另一条腿叠放于放松腿上方；首先以小幅度的动作来回滚动，逐步扩大范围。如图 6.30 所示。

图 6.30　小腿后侧肌群放松

8. 上背部放松

动作要领：仰卧，双手放于脑后；在肩胛骨下方垂直于脊柱放置一个泡沫滚轴；膝关节弯曲，脚平放于地面，抬高髋关节使上背部在泡沫滚轴上来回滚动；首先以小幅度的动作来回滚动，逐步扩大范围。如图 6.31 所示。

图 6.31　上背部放松

9. 背阔肌放松

动作要领：身体侧卧，伸展下臂，并在腋窝位置下方放置一个泡沫滚轴；

首先以小幅度的动作在腋窝位置来回滚动，逐步扩大范围至腰部。如图6.32所示。

图6.32 背阔肌放松

三、扳机点松解

和泡沫滚轴放松理论相似，扳机点松解的目的也是在激活与放松过程中找到酸痛的点并加压，消除肌肉中打结的现象并恢复肌肉原有的功能（长度、弹性、收缩力）。但不同的是，泡沫滚轴放松以肢体某部分整体肌群放松为主，如放松小腿后部肌群，其主要为泛化式放松。而扳机点放松根据Thomas Mayer的肌肉筋膜理论，通过放松目标肌群相邻的肌肉及筋膜达到放松的效果，能够针对特定肌群进行松解。通常需要借助一些球类按摩器材（如花生球）在酸痛点上持续按压30~90s，保持姿势，直至酸痛感开始缓解。在放松过程中，开始可能会有强烈的疼痛感，在找到痛点位置后，在该位置应该逐渐增加对其压力，动作幅度不要太大，不要突然加压，以免产生刺痛或损伤肌组织；同时要注意保持正常呼吸频率，不要憋气，在疼痛时，可以深呼吸来进行调节。

特别说明一点，本书没有针对身体柔韧素质进行专门的章节介绍，柔韧性是指身体关节活动幅度以及关节韧带、肌腱、肌肉、皮肤和其他组织的弹性和伸展能力，即关节和关节系统的活动范围。并不是说柔韧性不重要，相反，它对消防员来说至关重要，没有另起章节的原因是在再生恢复训练的整理活动中，以及第五章的动态热身练习，已经涉及了柔韧性练习的方式方法，如静态拉伸、动态拉伸、PNF 拉伸和肌筋膜放松。若计划对身体柔韧性进行专门性的训练，同样可以参考这些章节。

第三节
放松训练

一、放松训练的原则

积极性恢复措施的另一项重要内容是放松训练。放松练习可以通过增加心率，增加血流量来满足肌肉恢复的需求。这些练习的强度一定要小，以避免加重肌肉和心血管系统的应激反应，有助于机体系统的恢复。放松训练要在训练后的 12h 之内完成，例如一名消防员早上进行了大强度练习，恢复性放松跑可以安排在下午，如果晚上进行了大强度练习，那么第 2 天早上要安排恢复性放松跑。

放松训练的计划内容要包括专项运动或其他不同的低刺激的运动方式，切记运动强度一定要小，不能高于最大心率的 55%。在放松训练期间可以边放松边聊天。积极的放松练习时间要控制在 20～40min，如果太长，那么放松练习对消防员而言已经不是积极性恢复，而是小强度耐力性活动。放松练习的持续时间及次数根据个人的恢复需求和个人适应大强度训练的能力来定。

在每个训练日或训练周内安排大强度体能训练后，必须同时安排小强度的放松练习。这种训练安排应该贯穿于整个训练周期或年度训练中。通过观察奥运选手可以发现，在他们为期四年的大周期中，会安排一年或两年的小强度放松性的训练。不同负荷的训练后都安排有不同的小强度放松活动，包括大强度训练后的放松活动、紧跟在大强度训练期后的小强度放松期。积极性恢复活动的内容不仅仅是小强度练习活动或小强度训练课，还应包括训练内容的多样性变化。消防员进行内容多样的训练要比内容单一的训练能适应的刺激总量更多。消防员只有在小强度放松训练期内实现真正的放松恢复，才能更好地完成接下来的大强度训练或作战任务。如果消防员在小强度放松训练期严格遵守放松恢复强度的安排，他在随后的大强度训练中表现出的运动速度或动作幅度会有所提高，身体机能也会增强。如果消防员在放松期没有认真对待，身体没有得到充分的放松恢复，那么在接下来的大强度训练中运动水平会下降。运动生物学家 Stephen Seiler 称："如果在小强度放松训练期不放松，在大强度训练期内就不能承受大强度负荷，也就无法提高运动成绩。"规范的放松恢复可以促进消防员训练计划的顺利实施和训练目标的实现。

考虑到消防员的职业及心理特点，放松恢复对他们来说并非易事。虽然制订的很多训练计划考虑了训练和休息、大负荷和小负荷、训练时间的合理平衡，但是消防员按照训练计划实施时常常会出现问题。放松练习的项目都是小负荷练习，消防员往往会自行增加训练负荷，这就容易出现放松不彻底的情况。在正常训练中也会发生这类情况，由于消防员没有处理好小负荷训练，而导致无法完成大负荷训练任务的状况。

很多消防员在训练后会选择各类游戏项目进行放松，但是要注意，如果一位消防员是那种玩游戏胜负欲很强的人，则建议别玩游戏，换一种方式会更好。例如，选择跟慢性子的朋友交流，或是选择跟孩子一起跑步，不要只是选择停止活动或简单的散步。每个人需要恢复的程度根据个人特点有所不同，这取决于消防员的年龄、经验、训练内容等。经常训练的消防员要比偶尔训练的消防员需要更少的放松恢复，因为他们的身体内分泌系统和生物节律已经适应了频繁的训练节奏。如果给一名每日必训的消防员安排一个停训休息日的话，可能干扰他的训练规律，之后的训练中，他可能会在训练中脱节，这并非意味着停休日对消防员无用，而是想要说明在考核测试或比赛之前为消防员安排停休日并不是合适的选择。实际上，即使消防员在某日的训练中强度很大，只要做好每日的再生恢复练习，身体也会尽快地恢复，如果一次不够，可以安排多次。

二、放松训练的方式

消防员的身心恢复不但要考虑到训练方面的因素，而且要考虑训练之外的影响，例如在救援任务后，还要有一个心理休息的过程，精神层面的恢复也应引起重视。对放松训练来讲，采用什么样的运动方式，同样也要根据训练内容、强度等因素选择，总体来说，放松跑步是最常见的积极性放松恢复方式。

消防员进行各类救援任务最常见的运动形式就是跑步，而且是负重跑，因此，对大多数消防员来说，都能在长距离跑步中很好地调控自己的状态，这也就是为什么将放松跑作为消防员放松训练的原因所在。这种慢跑可以提高消防员的放松效率，并促进其积极的适应跑步训练刺激。但是，如果消防员有伤病史或力竭性跑步经历，那么变换另外一种合适的方式作为恢复手段，效果可能会更好。每一种放松恢复方式的时间都应少于40min，时间过长会变成耐力训练。在放松跑时可以选择在柔软的路面上进行，例如煤渣跑道，它可以在相同的运动强度或训练量下减少对身体的冲击力。此外，在浅水中或带着浮标的较深水中跑步也可以实现身体的放松恢复，是一种很好的恢复练习方式。

除了放松跑之外，还有一些放松恢复方式可供选择，游泳就是其中之一，特别是游泳技术很好的消防员。游泳时，身体会在一种失重状态下运动，水的压力有助于水肿的消除和肌肉的恢复。游泳运动不会对身体产生额外的压力，可以达到全身放松的目的。如果在游泳时想专门放松腿部，可以在腿上绑一个浮标，让胳膊和躯干来做划水动作；如果想专门放松躯干和上肢，可以采取仰泳姿势来实现身体的放松恢复。

骑自行车也是一种对身体冲击性比较低的运动项目。户外骑行不仅能实现身体的积极性恢复，还能让你欣赏到美丽的风景。无论是公路自行车，还是场地自行车都可以（山地自行车要求太苛刻，不适宜作为积极性的恢复方式）。室内骑行要求你必须控制好练习强度。放松骑动感单车时，你可以看电视或电影让大脑神经得到缓解。这种生活化的放松方式，对忙碌的消防员来说也是一个不错的选择。在做集体的室内单车运动时，要注意不要过度用力，否则很难达到积极性恢复的目的。

小结

> 本章讨论了消防员的体能恢复和再生。恢复和再生是体能训练计划的一个组成部分。但是，由于它们与运动能力直接相关，因此可能会对其他训练要素产生影响。消防员不断变化的任务场景、突发性的救援任务及日常体能训练都需要进行恢复和再生训练，保证身体尽快恢复以应对接下来的各类任务。与体能训练其他要素一样，个性化的方案至关重要，为了制定有效的再生恢复训练方案，消防员必须考虑自身各方面的状况和训练要求，还要了解影响再生恢复的生理和运动学因素。

第七章
有氧耐力训练

对消防员来说，有氧耐力可能是最重要的体能素质，大量的救援任务是在有氧供能的条件下进行的。有氧耐力训练不但可促进消防员的体能和运动表现，可以为降低心血管疾病的风险，提高他们执行任务而又不至于过度疲劳的能力。本章为消防员选择有氧耐力训练方式和设计安全有效的训练计划提供了方向。此外，在有氧耐力训练过程中，随着训练强度的增大，会伴有无氧供能参与，例如，配速训练及高强度间歇训练等，因此，有氧耐力训练会与无氧耐力训练相结合进行，共同提高消防员的心肺耐力。

第一节
训练提示

一、热身

有氧耐力训练之前需要进行循序渐进热身，以使所有的身体系统逐渐调动起来响应接下来有氧耐力训练的身体需求。热身的主要目的是提高体温，增强软组织的柔韧性并提高新陈代谢的生产力。短暂的运动（3～5min）如步行或慢跑有助于刺激这些过程。该活动之后应进行动态拉伸练习以提高关节活动度和组织柔韧性。消防职业中的许多任务是动态的，因此动态热身练习对于运动准备和工作任务都至关重要。热身运动应使整个身体做好训练的准备，切勿为了节约时间而跳过热身运动。

二、着装

消防员的有氧能力是通过持续的长期训练而获得的，因此，重要的是遵循一些步骤以确保训练的安全性和维持运动的能力，以避免因身体不适而导致的训练中断。每次训练之前，应进行热身，使身体肌肉、关节和能量系统可以适应接下来的训练。穿着适当的训练服和鞋对可持续的训练也至关重要，应避免穿着会限制活动的衣服，以使身体正常工作，同时，过分宽松的衣服也可能会使消防员感到不适，对其构成危险。用于训练的服装应能在炎热和潮湿的环境中散热，并在温度较低时提供足够的热量。还应注意始终穿戴合适的鞋类，以进行与有氧有关的心肺运动，鞋子应为足弓和踝关节提供完美的支撑。鞋的磨损、支撑力减少以及脚部过度使用会导致受伤风险的增加，一旦发现磨损，应立即更换鞋类。当然，如果消防员进行的是职业适应性训练，例如负重训练，则另行对待，但也要参考着装的基本要求。

三、职业因素

各种中等强度到非常高强度的救援任务对消防员的有氧耐力需求非常大，例如灭火行动、梯次进攻和长距离供水等。这些活动可能持续数小时，并伴随着一段时间的休息后激进的能量爆发。个人防护装备也增加了消防员在执行此类任务时的新陈代谢。有研究指出，执行消防任务时的心率能达到 150～188 次/min；峰值耗氧量为 41.5～43mL/(kg·min)；心率值可能在最大心率的 85%～100%，并且在整个灭火过程中仍保持较高水平；警报声响会平均增加 47 次/min 的心率。显然，消防员必须适应这种代谢需求，才能安全有效地履行职责。长时间进行中等强度到高强度有氧运动、较短时间内进行非常高强度的无氧运动，以及在任务之间快速恢复的能力是消防员开展体能训练的追求目标。

消防员体能训练应采取多种训练方法来促进三种能量代谢的心肺适应性。调整训练强度将有助于促进消防员的生理适应，从而提高新陈代谢的表现并降低消防员所需任务的相对强度。对于消防员，发展高水平的适应性使其任务的压力降低，原因是总体努力强度相对于最大能力的百分比相对降低了。当消防员的心肺功能低下时，在上述任务行动中将导致最大或接近最大的努力。因此，增加心肺适应性既可以提高体能，又可以预防心血管损伤。

制订个性化的运动处方有助于消防员体能训练中特殊性任务的心肺适应性，在设计训练计划时应考虑训练的特殊性，例如生物力学和能量系统的利用。消防员在训练中模仿其任务活动的能力高，那么他在训练计划中的适应性就越好。消防员制订有氧耐力运动处方需要考虑五个方面：训练类型、训练频率、训练强度、训练持续时间和训练进度模式。遵循这五个要素，可以确保消防员采用适当的训练方法，增进体能并做好职业准备。

第二节

有氧耐力训练的类型方法

有氧耐力的运动项目都是身体重复性地进行某种动作,这些动作会强调体内的氧气摄入、运输和实用化过程。进行大肌肉群的运动可以增强这种能力并提高训练效益。许多运动项目都满足这些条件,包括基于器械的运动方式和室外运动方式。每种类型都要求身体以不同的方式运动,从而给肌肉和心肺系统带来一定的负荷压力。跑步、骑自行车、游泳、划船等活动,以及网球、足球和篮球等较长时间的竞技性运动,都要求心肺系统提供高效的能量。

基于器械的训练是有氧耐力训练不错的选择,因为它可以使消防员更好地控制训练环境。在跑步机上改变训练强度比在室外道路上控制速度变化更精确,并且保持一致的强度要容易得多。当消防员不是必须要求在室外训练时,可以借助来自训练器械的恒定反馈进行有氧耐力训练,同时,训练量的监测也更加准确。

尽管不同的训练项目对有氧耐力引起的生理反应有不同的看法,但是选择训练方法时,消防员还是应该按照个人的运动喜好进行选择,这对其训练的依从性和效果会有帮助。也就是说,在选择有氧耐力训练类型时要考虑到个体差异性,不应千篇一律。消防员需要执行的许多任务都涉及步行或跑步,因此可以采取多样的跑步类项目。如果个别消防员不喜欢跑步,那么还可以考虑骑自行车、游泳和有氧健身操等项目,以增强其对有氧耐力训练计划的坚持。在这些选择中,骑自行车涉及的肌肉量最少,但与跑步相比,其身体负荷较低;游泳的身体负荷适中,但对心肺系统的要求较高,有氧健身操涉及全身性的活动,也是一种不错的选择。为了结合消防职业,还可以进行专门的职业能力适应性训练,例如佩戴空气呼吸器跑步、负重登楼等。此外,不同的训练方式可以减少因过度使用单一方式而造成的身体某类功能区的过度使用伤害。

一、器械式有氧耐力训练

各种有氧运动器械提供了方便、可控的运动环境,可用于发展消防员的有氧耐力。这些器材还提供了许多用于调节运动变化的选项,有助于训练过程中克服疲劳及避免过度使用造成伤害。消防员应熟悉几种器械式的有氧耐力训练模式，包括如何调整机器使其达到最佳姿势、如何在器械上完成所需动作等。以下列举了一些常见的有氧运动器械以及它们的使用方法，包括跑步机、楼梯机、功率自行车和划船机，消防员在进行有氧耐力训练时可做参考。

1. 跑步机练习

跑步机放于室内环境，并且其速度和倾斜度的变化可以改变运动刺激，创造独特的训练条件。有研究指出，在跑步机上运动期间测得的最高有氧需求量高于其他任何器械，也就意味着它可以燃烧更多的卡路里或使心肺系统得到更大的负荷。这使跑步机成为试图达到较高的运动水平的理想训练方式。一般而言，使用跑步机会减少腿部后侧肌群的激活，因为跑步机将腿向后推动，股四头肌会离心收缩进行制动，并在蹬地时向心收缩进行前行，腿后肌群的参与降低。此外，倾斜跑步可模拟爬坡地形并增加肌肉激活下半身的能力，相对于水平跑步会对消防员产生较高的训练刺激。跑步机使用过程中要先适应在训练，同时要避免跌落，始终连接安全夹，在转动皮带的中线并且是上半部进行练习。跑步机练习动作如图7.1所示。

图 7.1　跑步机练习

（1）**器材准备**　阅读控制台上列出的所有有关跑步机操作的说明，包括器械的启停、速度与倾斜度的调节；将安全夹连于衣服适当位置，以免干扰跑步；双脚跨于转动皮带两侧的支撑架上，不要踩到转动皮带；启动跑步机，使其达到预定的预热速度；进行 3～5min 的低速适应性练习以做好准备。

（2）训练开始　握住手柄来支撑体重，一条腿抬起可以自由摆动；摆动腿接触转动皮带感觉速度；一旦对速度感到舒适，便可以开始行走或跑步；将身体居中置于皮带的中央并朝向机器的前部；跑步时避免握住手柄或显示屏控制台，因为这可能会使跑步机发生倾斜并造成损坏。

（3）训练结束　降低跑步机的速度以进行 3～5min 的冷却，使身体防止血液积聚并增加血液循环；之后踩在皮带两侧的平台上，然后按说明中的指示，按"停止"或"训练"按钮。

2. 楼梯机练习

楼梯机对于消防员的有氧耐力训练有其他器材不可替代的好处，它是身体进行登台阶式的运动器械。消防员的任务行动有很多是需要在这种登高类的场景中完成，如负重登楼、攀登拉梯等。楼梯机可以简单地模拟这类动作模式，同时，它还可以减小对下半身的负荷。楼梯机练习动作如图 7.2 所示。

图 7.2　楼梯机练习

（1）器材准备　阅读控制台上列出的有关操作楼梯机的所有说明，包括如何提高和降低速度以及如何停止和启动机器；抓住扶手，用双脚踩踏机器；确保两只脚完全放在脚踏板上并居中；启动楼梯爬升器，使其达到预定的预热速度；预热 3～5min，以准备训练。

（2）**训练开始** 抓住手柄并开始踩踏；确保身体竖直，不要倚靠机器或向后倾斜，目视前方，蹬踏深度 10～20cm；确保踏板不要触碰地面及超过限定高度；避免手握把手支持体重，扶手仅用于维持平衡，同时避免手扶控制台，可能会使器械倾斜。

（3）**训练结束** 降低爬楼梯的速度，进行 3～5min 的冷却，使身体防止血液积聚并增加血液循环；运动结束后，退出机器并按说明中的指示停止或结束运动按钮。

3. 功率自行车练习

功率自行车也是进行有氧耐力训练的可选器械，与其他机器一样可以进行调节来改变运动刺激。功率自行车练习主要是下半身，与跑步相比，身体能量消耗和氧气需求较低。功率自行车练习通常包括高强度和低强度两个时期，即冲刺和恢复，可以模仿消防员在任务行动中的心率变化。功率自行车的练习模式多样，包括长距离、短距离、间歇性、高强度间隔性以及配速训练，并且涉及站立、冲刺、模拟爬山等姿势。因此，如果要追求训练的多变化、体现训练的专项性，可以选择功率自行车，其练习动作如图 7.3 所示。

图 7.3　功率自行车练习

（1）**器材准备** 阅读控制台上列出的有关操作说明，包括器械的启停、速度的调节；调整座椅，使踏板在踩下时膝关节略微弯曲；身体坐直，保持脊柱略向前倾，目视前方；调整把手，使肘关节略微弯曲，上臂和躯干夹角约为90°。

（2）**训练开始** 握住手柄并开始踩踏板，以达到预定的预热速度；确保脚掌始终与脚踏板接触并做回旋踩踏；根据练习模式选择扶握车把的位置，例如手握横把手保持身体相对正直，或前臂靠于车把保持身体前倾形成竞速姿势；进行3～5min的适应准备；确保躯干笔直，目视前方，开始练习；避免手握把手支持体重，扶手仅用于维持平衡，同时避免手扶控制台，可能会使器械倾斜。

（3）**训练结束** 降低自行车速度，以进行3～5min的冷却，使身体防止血液积聚并增加血液循环；运动结束后，等踏板完全停止，然后离开自行车。

4. 划船机练习

划船机可以训练消防员上半身和下半身的肌肉，与仅锻炼上半身或下半身肌肉的运动类型相比，对心肺系统的需求更高，刺激肌肉和心肺适应的改善效果更好。划船运动需要一定的练习才能掌握，但是一旦训练者对其节奏感到舒适，它就会是一部具有挑战性的有氧耐力训练器械。练习过程中应避免躯干向后倾斜太远，这会导致腰背疲劳。

（1）**器材准备** 阅读控制台上列出的有关操作划船机的所有说明；通过扇叶通风阀门来调节阻力，打开通风孔会增加气流并降低阻力，而关闭通风孔会减少气流并增加阻力；热身3～5min，以准备练习。

（2）**训练开始** 将脚插入皮带并固定，保持背部正直，伸展手臂并握住手柄，同时弯曲臀部和膝关节，使小腿垂直于地面，目视前方，如图7.4所示；伸

图7.4 划船机练习起始姿势

展臀部和膝关节,同时将手柄拉到胸部,确保躯干正直,在动作过程中不要倾斜,如图 7.5 所示;继续伸直双腿,同时躯干略微后仰,手柄与胸骨贴近,肘关节弯曲,如图 7.6 所示;然后恢复至起始姿势。

图 7.5　划船机练习后拉姿势完成姿势

图 7.6　划船机练习完成姿势

(3)训练结束　降低划船机速度,以进行 3～5min 的冷却,使身体防止血液积聚并增加血液循环;运动结束后,等扇叶完全停止,然后离开划船机。

二、室外有氧耐力训练

实际上,消防员的有氧耐力训练项目经常在室外环境中进行,其练习形式多样、环境场所多样,并且不需要任何器械设备,这些优点使得消防员的有氧耐力训练更加容易开展。对于一些消防员来说，环境可能会对训练产生积极影响，例如天气和周围环境，会让消防员在训练过程中身心愉悦、享受训练。毋庸置疑，室外训练的许多方法也可以帮助消防员提高有氧耐力。

1. 跑步和健步走

室外运动是一种自然的运动方式和技巧，对大多数消防员来说，这种形式的训练相当容易。一般来说，室外跑步或行走类似于在跑步机上进行，一个主要区别是室外活动的氧气成本增加。无论哪种运动方式，过度训练的伤害都是跑步者常见的问题，这一点在消防员中经常见到，脚、腿、膝关节和臀部的疼痛使其难以进行足够的行走或跑步。因此，能够无痛地进行此类运动，对消防员来讲就是一种最有效的非器械式有氧运动形式。另外，这种训练可以结合到消防员的任务中进行，使其更加贴合职业性。

在这种训练过程中必须穿着合适的鞋，而且在不平坦的地面上行走或跑步时要格外小心。由于消防员的工作任务多是负重类，由此导致的身体重心及动作模式的变化对于消防员穿着怎样的作训鞋提出了很高的要求，而关于这一点国内外的研究还尚无定论，总体而言，如果消防员在任务或训练过程中出现脚部或腿部的疼痛，在排除时间、强度等训练要素的情况下，应进对作训鞋的合适性做一评估。

2. 游泳

游泳也是一项非常值得推荐的有氧运动项目。与其他形式的心肺训练相比，游泳已被证明是一种改善心肺健康的良好运动方式。尽管游泳需要熟练的动作技巧，并且对游泳时长有一定的要求，但它对心肺系统的能力需求却非常大，其对肺活量和最大呼吸能力的改善更加明显。但是，对于无法维持长时间训练或是缺乏游泳技能的消防员来说，还是选择一些高强度的间歇训练比较恰当。另外，对肩膀活动能力不足或没有运动经验的消防员来说，它可能会造成肩膀的过度使用而导致损伤。

3. 自行车

有氧耐力训练的另一种低强度的训练形式是自行车骑行。这种低负荷的练习形式可以使骑行者能够训练更长的时间，而不会导致脚和膝关节的过度使用。自行车骑行练习需要注意一些安全预防措施，包括佩戴安全帽，使用反光设备以及避开行人。另外，自行车运动看似简单，实则它对骑行者的要求很高，包括车体结构调节、身体姿势及骑行动作等，还对训练场地有特殊的要求，因此，如果没有接受正规的骑行技巧训练，或是训练场地不允许，还是应该选择一些方便有效的训练类型，否则有可能会起不到训练效果，甚至造成身体损伤。

4. 竞技项目

对于多数消防员来说，选择一些集体性的对抗类项目，如足球、篮球等运动可能比传统的有氧运动更令人愉悦，这类项目带有一定的竞技性与目标性，容易使参与者全身心投入其中，这也是经常进行此类活动的消防员在场上活动时不累，而比赛结束后身体疲劳感立刻涌现的原因。这些项目有很好的推广性及参与度，但是也要注意，它对训练量的把控无法做到精确，场上瞬息变化的形式也会使参与者频繁地做出身体反应，如果热身不好，或是对抗激烈，还是会有过量训练或是受伤的风险。在进行此类项目活动时，要切实做好相应的准备，包括训练前热身、训练中补充体液、训练后积极恢复等。

第三节
有氧耐力训练的频率、强度和持续时间

一、训练频率

有氧耐力训练频率是指每天或每周针对某种练习类型的运动次数。一般来讲，训练频率与持续时间、强度之间呈反比的关系，如果训练强度越高，持续时间越长，这样的训练达到了自身或是上级部门要求的训练目标，那么该项目训练的频率应该不高。此外，训练后的身体恢复也会决定训练的频率，如果消防员训练有素，即使在大强度的训练后都能采取有效的放松手段来恢复身体达到正常水平，那么他也可以增加训练次数，提高效率频率，以适应并优化职业准备。但是，还是有多数的消防员由于救援任务或日常训练的大运动量，导致其可能需要更多的时间来使身体恢复，并减少过度训练和受伤的风险，以确保为接下来的任务或训练做好准备，这时的训练频率就应该有所降低。训练频率与强度、时间一样，都要在训练计划中明确，但是这种个性化的处方式的训练计划需要时间和经验的积累来精心设计。

大多数的体能训练指南建议，为了改变心肺功能，每周需要进行 3 天以上

的有氧耐力训练，至少不能低于 2 天。但同时也要注意，如果每周进行 5 天及以上相同训练内容的项目，就会容易导致过度训练和损伤。因此，如果消防员的有氧耐力训练项目相同，为了保持所需的体能水平，需要适当地减少训练频率。

二、训练强度

训练强度是指动作时用力的大小和身体的紧张程度，决定运动负荷的主要因素之一。有氧耐力训练的训练强度常用最大心率（MHR）的百分比来衡量，也可以用最大摄氧量（V_{O_2max}）的百分比来表示，MHR 的确切数值必须进行实验室运动测试，为了操作的便捷性和训练指导性，运动科学界研制了一些MHR 的预测公式，包括年龄预测法（MHR = 220- 年龄）和更精确的 Gellish 公式（MHR = 207-0.7× 年龄）。虽然这些预测公式的准确性不如实验室测试，但其操作简便，是目前衡量心肺耐力训练的有效指标。提供这些预测公式，消防员可以算出自身的 MHR，并在此基础上得出不同项目强度要求的 MHR 百分比数值，这一数值称为靶心率（THR），继而确定消防员的即刻心率是否符合靶心率的要求。不同项目的强度要求有所不同，将在训练模式中介绍，例如，长距离慢跑的运动强度一般为 MHR 的 60%～80%，而关于训练强度的计算方法主要有两种，分别是基于 Gellish 公式的训练强度计算和基于 MHR 年龄预测法的Karvonen 公式训练强度计算。此外，还可以使用运动自觉量表进行训练强度的判断。训练强度多为一个区间，不同体能水平的消防员可能对应不同的训练强度，具体到强度数值是多少时对训练效果最好，需要反复的训练来获得并检验。

1. 基于 Gellish 公式的训练强度计算

通过 Gellish 公式得出最大心率后，结合不同项目要求的 MHR 百分比来计算靶心率范围，确定训练强度。计算方法如表 7.1 所示。

表 7.1 基于 Gellish 公式的训练强度计算

步骤	方法	公式
1	最大心率预测	MHR（次/min）=207-0.7× 年龄
2	靶心率计算	THR（次/min）= MHR× 强度百分比

[示例] 一名年龄 30 岁的消防员，其有氧耐力训练 60%～80% 目标强度的心率区间如何计算？

通过表 7.1 的方法计算可得，这名消防员 MHR=207–0.7×30 =186 次 /min，最小 THR=186×0.6=112 次 /min，最大 THR=186×0.8=149 次 /min，因此，他的靶心率区间为 112 ～ 149 次 /min。

2. 基于 MHR 年龄预测法的 Karvonen 公式训练强度计算

此外，还有一种强度计算方法相对而言更具针对性，它是先通过年龄预测法得出最大心率，再计算出最大心率和静息心率（RHR）之间的差值，即心率储备（HRR），然后将 HRR 结合不同项目要求的 MHR 百分比，最后再加上静息心率，以此来确定最适宜训练的靶心率区间。这种方法称为 Karvonen 公式。计算方法如表 7.2 所示。

表 7.2　基于 MHR 年龄预测法的 Karvonen 公式训练强度计算

步骤	方法	公　　式
1	最大心率预测	MHR（次 /min）=220– 年龄
2	心律储备计算	HRR（次 /min）= MHR–RHR
3	靶心率计算	THR（次 /min）= HRR× 运动强度 + RHR

［示例］一名 RHR 为 60 次 /min 的 30 岁消防员，其有氧耐力训练 60% ～ 80% 目标强度的心率区间如何计算？

通过表 7.2 的方法计算可得，这名消防员 MHR=220–30=190 次 /min，HRR=190–60=130 次 /min，最小 THR=130×0.6+60=138 次 /min，最大 THR=130×0.8+60=164 次 /min，因此，他的靶心率区间为 138 ～ 164 次 /min。

3. 运动自觉量表（RPE）

判断训练强度的另一种方法是运动自觉量表（RPE），如表 7.3 所示。RPE 已被证明可以准确估算出运动人员在进行各类运动项目过程中感到的吃力程度，

表 7.3　运动自觉量表（RPE）

等级	说　　明	等级	说　　明
1	无感觉（和躺下休息一样）	6	有点困难（开始感到累）
2	极少	7	吃力
3	非常容易	8	很吃力（努力跟上）
4	轻松（可以整天这样做）	9	非常非常吃力
5	还好	10	尽最大的努力（力竭）

同样可以适用于消防员。RPE 是一个使用数字从 1～10 来描述运动感受的量表。熟悉 RPE 的使用后，消防员就可以对其在训练过程中的运动强度进行评分。

与一般性有氧耐力训练项目的强度为 MHR 的 60%～80% 相似，RPE 建议训练中的运动感受等级为 6～8。

三、训练持续时间

有氧耐力训练项目的持续时间也是消防员在训练过程中必须关注的一个训练要素。究竟持续多长时间，应根据训练项目、频率、强度来决定。为了提高有氧耐力，多数训练项目的持续时间建议为：每周至少三天，每天至少进行 20min 的高强度有氧运动；或者每周五天，每天进行 30min 的中等强度有氧运动。有些研究还建议短时多练，训练仅持续 10～15min。运动时间与运动强度的关系也极为密切，例如，乳酸阈值会影响训练持续时间，在高强度的训练中，乳酸阈值会出现在什么时间。而较低强度的训练类型则可以进行更长时间的训练，例如 1h 以上。

第四节
有氧耐力训练模式

有氧耐力训练除了训练类型、训练频率、训练强度和训练持续时间之外，还有一个关键因素是采取什么样的训练模式来进行训练，它对以上四类要素进行了程序化的规定，是开展有氧耐力训练常用的方法。这些方法包括长距离慢跑训练（LSD）训练，配速训练，间歇训练、重复冲刺训练和法特莱克训练。不管训练类型如何，都可以使用这些训练模式。它们之间经常用训练量来进行比较，有氧耐力项目的训练量指的是一次训练完成的距离或时间，在几类模式中都有涉及。

一、长距离慢跑训练模式

长距离慢跑训练（long，slow distance training，LSD）是以稳定的速度进行

长距离长时间的训练模式,是消防员有氧耐力训练的常用模式。其训练量取决于练习者当前的体能水平和训练目标。消防员应计划好 LSD 训练的强度和训练量,从容进行训练,不要过分负担。随着训练水平的提高,LSD 训练量可以适当增加,以使身体适应新的负荷,一般训练量的增加不宜超过 10%,但这不是基于研究证据。例如,在训练计划的第一周,消防员完成了 10km 的 LSD 训练,在第 2 周,距离的增加不应超过 1km,训练时间也不应比第 1 周增加 10%。总训练量的快速增加通常会造成伤害,因此,应遵循循序渐进的原则,考虑消防员当前的健康状况和体能以及身体适应生理压力的能力。

LSD 训练时长可以选择每次持续 30min 作为训练起点,随着身体的逐步适应和心肺功能的提升,可以增加到 40~120min,这样才有可能获得更好的有氧耐力。有研究认为,LSD 训练量应维持在 30~60min,这个训练量可以使身体获得较佳的训练效果,并且降低受伤风险。另外,LSD 的训练强度建议在 MHR 的 60%~80% 范围内进行,较低的强度可以用于那些不经常训练的人,而较高的范围可以用于那些具有不错心肺适应性的人。

二、配速训练模式

配速训练也称节奏训练、乳酸阈跑,是一种可以持续较长时间但是强度较大的训练模式。当训练中身体乳酸堆积的速率和代谢的速率达到一个相同水平时,意味着身体达到"乳酸门槛",此时身体不会感觉到非常累,双腿也不会变得沉重,这种强度或速度下的训练,称之为配速训练。配速训练与 LSD 训练相似,其训练量相对固定,但训练强度会更高,也是消防员极为有效的心肺耐力训练模式,旨在提高无氧阈值和任务的执行速度。运动速度是配速训练重点关注的问题,也就是单位时间内完成的运动距离,它与训练强度关系密切。要想明确训练配速,就要清楚自身乳酸阈值,必须事先进行过相关训练,了解身体对训练强度的适应性,或者进行运动代谢测试来得知。在实际操作中,常常会用运动时间来衡量配速训练。

配速训练中运动时间的确定最可行的方法是通过一次测试或比赛来测得,在测试情况下,消防员正常都会发挥自己的应有水平,这一点很重要。进行配速训练就是要以测得时间的不同百分比完成相同距离的训练,这个百分比通常为 75%~105%,即 75%~105% 的配速。较低的百分比配速其训练强度也较低,消防员的配速训练不能一味地提高,由于职业任务带来的身心压力,要考虑其身体的恢复情况来调整百分比配速，使训练负荷多样化。

配速训练的关键是计划的运动时间和距离能否满足训练要求的速度或强度。对于消防员来说，配速时间范围应为 20～30min。更长时间会明显增加配速训练的强度。有效的配速训练，需要规范的训练监控，以使消防员在训练过程中及时调整配速，佩戴运动手表就可以满足这种需求。

举例来说，一名消防员 3km 跑的测试成绩是 13min，他计划进行为期四周、每周一次的配速训练，强度分别为 75%、85%、95% 和 105% 的配速，这么消防员需要清楚这些强度相对应的运动时间，方便训练的实施。要计算 75% 配速的运动时间，先计算总时间（13min）的 25%，然后再与总时间相加，75% 配速训练的目标时间变为 16.25min。对于 105% 的配速训练，应从总时间中减去 5%，训练目标将大约变为 12.35min。在四个星期完成之后，消防员以相同的方式完成新的配速测试，并根据新的配速时间对每次训练进行适当的调整。

三、间歇训练模式

许多救援任务涉及高强度多种类的工作，需要消防员在完成一项任务后继续完成另一项任务。在这些情况下，消防员的休息时间如同白驹过隙，两个任务之间极短的休息时间内，快速恢复的能力将对工作产生重大影响。如果工作之间的恢复不足，则下一次工作的相对强度会增加，并且可能会导致心血管损伤或表现不佳。因此，心肺耐力训练的目标是增强工作能力和从训练中快速恢复的能力，并且结合消防任务特点来实施。

间歇训练可以发展消防员长时间保持高强度工作并在高强度工作之间快速恢复的能力。间歇训练方法包括常规间歇训练、高强度间歇训练（HIIT）和法特莱克训练。在这些方法中，消防员先进行高强度练习，然后休息一段时间再执行高强度练习，对该过程重复预定次数。间歇训练可以在任何训练方式下进行，只要控制好恢复时间即可，常规间歇训练至少要满足 1∶1 的训练休息比。

间歇训练的关键是训练变量的调节，这些变量包括单次练习时长、休息时长、训练强度以及重复的次数。通过调整这些变量，可以最佳化整个训练之间的间隔时长以及总时间来提升间歇训练的效果。总体来说，正常情况下更长的练习时长、更短的休息时间、更高的训练强度以及更多的重复的次数都会增加整体训练的工作量和间歇训练的压力，当然对心肺能力的提升也会越大，因此在间歇训练时应逐步增加训练压力，制订合理的训练进度。

1. 高强度间歇训练模式

高强度间歇训练（high-intensity interval training，HIIT）是一种让消防员在短时间内进行全力、快速、爆发式锻炼的一种训练技术。这种技术让训练者在短期内心率提高并且燃烧更多热量。这种高强度锻炼使得身体对氧气的需求增加，并且制造缺氧状态，导致运动后过量耗氧，以加速消防员的代谢速率，在做完一整套 HIIT 锻炼后身体的代谢率可以在 48h 内获得提升，这表示即使消防员已经离开训练场，也依然在燃烧脂肪。这也就是为什么相对于普通有氧训练和稳定状态锻炼，高强度锻炼将会帮助训练者燃烧更多脂肪和卡路里。HIIT 训练对各种能量系统（特别是糖酵解无氧系统）都有所顾及，同时也是模仿消防员在任务行动中可能遇到的各种动作的理想方法。

HIIT 训练需要短时间的高强度运动爆发（大于 90% V_{O_2max}），持续时间可低于 30s 也可长达 4min，并且在反复训练之间要有足够的休息时间以确保身体恢复。如果休息时间太短，则训练质量将会降低，随后的受伤风险也会增加，如果休息时间太长，训练对能量代谢系统的影响就会消减。如果训练强度介于 90%~95% V_{O_2max}，建议组间休息时间不超过训练持续时长，即训练休息比约为 1:1；如果训练强度大于 100% V_{O_2max}，建议训练休息比为 1:5。

2. 法特莱克训练模式

法特莱克（Fartlek）训练源自瑞典语中的"速度竞赛"。它对训练场地的要求比较随意，主要选择在空气新鲜的地方，如郊区、公园、树林、山地都可以进行。法特莱克训练是一种加速跑与慢跑交替进行的变速跑步方式，以同时强调有氧和无氧能量代谢而闻名，它允许任意变化速度，在运动过程中的恢复完全由个体主观感觉来决定，而不是由客观的数据，比如由心率等来决定。例如，当消防员进行 60% V_{O_2max} 强度的 LSD 训练时，也会偶尔在 90% V_{O_2max} 的情况下冲刺一段距离，然后返回到原始训练强度。除了跑步之外，它也可以通过其他运动方式来实现，例如游泳或骑自行车。法特莱克训练是降低训练单调性的好方法，并且对提升 V_{O_2max}、乳酸阈值（LT）、能量代谢效果极佳。

法特莱克训练是间歇训练的一种形式，但与间歇训练也有一定的区别，间歇训练规定了跑步的距离，特定的完成和休息时间，而法特莱克训练通常只是给训练员一个特定的距离指标，比如说完成一个 10km 跑，只要消防员能满足该指标，怎么跑，如何选择路线和安排体力，完成的时间，都由消防员的感觉来定，它不像间歇训练那样严格和精确，能够让练习者享受整个训练过程，从而进一步排除了过度训练的可能性。

四、冲刺训练模式

冲刺训练的目的是强调高强度的爆发和恢复，类似于间歇训练，不过其采取的练习形式是反复的冲刺。冲刺训练的强度始终为100%。因为强度总是最大，所以在训练期间的训练时长和恢复时长与间歇训练有所不同。为了保持最大强度，冲刺距离必须保持在能力范围之内，通常小于200m或30s，并且恢复期必须足够长，以使下一次冲刺发挥最大能力。

冲刺训练的目的是在需要最大无氧能力的任务中增加速度和耐力，使消防员能够在少于30s的极高强度工作中更好地执行任务，这是消防救援工作的常见形态，特别是在必须重复执行这些任务的情况下，这种能力显得尤为重要。间歇训练的侧重点是提升解决较长任务的代谢需求，冲刺训练的侧重点是提升消防员短时爆发及快速恢复的代谢需求，因此，重复的冲刺应限制在30s以内，并且应有足够的恢复时间，多为1～3min，例如，30s的冲刺需要3min的休息时长；5s的冲刺需要60s的休息时长。这样的训练形式可以有效提升消防员速度耐力和增加心肺适应性。休息时长也会因消防员的体能状况有所不同，但是一定要注意，冲刺训练的目标不是在疲劳状态下进行下一个冲刺，这一点是冲刺训练与间歇训练最大的区别，间歇训练允许消防员在疲劳状态下进行下一组练习，因为身体快速恢复能力也是其训练目标之一，而重复冲刺训练的目标则是要求身体在正常状态下发挥最大速度和耐力，疲劳程度最小时，效果最佳。

五、有氧耐力训练模式建议

有氧耐力训练模式选择的建议如表7.4所示。

表7.4 有氧耐力训练模式选择的建议

模式	频率	强度	持续时间
LSD训练	1～2天/周	强度舒适、可维持的速度，约70% V_{O_2max}	30～120min
常规间歇训练	1～2天/周	接近最高强度，约为 V_{O_2max}	3～5min，训练休息比为1∶1
配速训练	1～2天/周	接近乳酸阈值，75%～105% V_{O_2max}	20～30min

续表

模式	频率	强度	持续时间
冲刺训练	1～2天/周	最大强度	5～20次冲刺，休息时长为1～3min
HIIT 高强度间歇训练	1天/周	高于 V_{O_2max}	30～90s，训练休息比为1∶5
法特莱克训练	1天/周	约在LSD和配速训练强度之间	20～60min

第五节
有氧耐力训练的计划

一、训练模式的选择

有氧耐力的提升需要消防员对训练计划长期坚持，使身体对训练的变化、发展和周期性有一定的适应期。这种变化涉及不同训练模式的轮换，例如，LSD训练、间歇训练、配速训练和冲刺训练等。有氧耐力训练可以每周进行3～4次，每周训练的强度在与上周相同的情况下适当增加训练量，增加幅度小于10%，3～4周后，训练强度也可以类似比例逐步增加。有氧耐力训练计划的理想方法是制订一个周期性的训练计划，计划中应该包括训练模式、训练强度、训练量及训练频率等因素，并且对训练进度做出规范性的指导。如表7.5所示为一个4周的有氧耐力周期性训练计划。

表7.5 有氧耐力周期化训练案例

周次	周一	周二	周三	周四	周五	周六	周日
1	LSD 30min	间歇训练 45s训练/90s休息 重复5次	配速训练 75%配速	休息	法特莱克 20min	冲刺训练 100m 2min休息	休息
2	HIIT 30s训练/60s休息 重复4次	配速训练 95%配速	休息	LSD 45min	冲刺训练 200m 3min休息	休息	休息
3	LSD 45min	间歇训练 60s训练/60s休息 重复8次	休息	配速训练 105%配速	LSD 30min	冲刺训练 75m 90s休息	休息

续表

周次	周一	周二	周三	周四	周五	周六	周日
4	配速训练 100% 配速	休息	法特莱克 20min	休息	配速训练 105% 配速	LSD 30min	休息

二、训练强度的界定

平衡高强度训练与低强度训练也很重要。随着训练水平的逐步提升，消防员能够安全地进行更大比例的高强度训练。初训者应该减少高强度的训练，通常应在每次高强度训练前进行两次低强度训练，即高、低强度训练比为1∶2，其频率应考虑个人的身体素质、工作能力和职业要求（例如工作时间表）。每周应进行1～2次高强度的训练，而另外2～4次则应进行低强度和中等强度的训练。对于体能较好的消防员，该比例可以逐渐转换为2∶1，以支持高强度训练。

三、训练与休息

有效的有氧耐力训练计划另一个关键要素是休息和恢复。一般规则是每12周的训练计划后要安排1周的休息。在休息周内，应鼓励消防员进行一些恢复性的锻炼，但不建议其参加任何有目标计划的运动，应避免进行高强度的运动。经过一周的积极性恢复来使身体完全再生。同时，休息周对于防止过度训练并减少受伤的风险很重要。综合考虑训练目标及恢复周期，建议所有消防员在每周的训练计划中安排2天的休息时间，给予身体足够的恢复，以防止疲劳的累积和过度训练的发生。

四、循序渐进

有氧耐力训练计划的一个常见错误是盲目求快，在训练的初期阶段就想试图通过高强度、大训练量来迅速提高体能水平。体能的提升不会一蹴而就，它是一个循序渐进的过程。尤其是对一些体能不佳或不经常锻炼的消防员来讲，在训练的初期阶段应避免进行高强度的运动，先从低强度开始逐步递增训练强度或训练量。经过多年训练的具备较高体能基础的消防员同样也要注意这一问题，不能全部采取大强度的训练，否则也可能面临过度训练的风险，偶尔穿插一些中低强度的训练形式有助于更好地提升有氧耐力水平。同时应根据自身的目标进行训练，如果目标是提高整体有氧耐力，则应进行更多的 LSD 和配速训练；目标是高强度运动后迅速恢复，间歇训练和冲刺训练的影响最大。消防员应考虑训练的预期目标和训练状态，并分配最合适的运动方式，以确保安全有效的训练。

小结

» 消防员必须要面对长时间工作的压力，必须要具备良好的、适应长时间工作的有氧耐力。消防员的有氧耐力被公认为极为重要的身体能力素质之一。在有氧耐力训练中，适当的训练项目、强度、频率、时间可以帮助消防员确保最佳训练效果，采取一些固有的训练模式，例如 LSD、配速、高强度间歇、法特莱克等，可以使训练程序规范化，有利于训练的具体实施。

第八章
抗阻训练

抗阻训练是一种常见的训练形式，其作用是通过增强肌肉力量、爆发力和速度、肌肉耐力、稳定性和协调性来提高运动表现。任何运动项目的练习者都能从抗阻训练中受益，消防员也不例外。但是，决定肌肉急性运动反应和长期适应的关键因素是抗阻训练计划的设计。抗阻训练计划是由多个因素相互作用产生了对刺激的适应。消防员对这些因素进行精细推测才能制订出有效的训练计划。

第一节
训练提示

一、热身

在抗阻训练开始时，应先进行热身运动，包括一般性热身和专项性热身。一般性热身的目的是提高身体核心温度并增加血流量，进而提高神经冲动的速度，增加向工作肌肉的营养输送及清除代谢产物，并促进血红蛋白和肌红蛋白的氧释放。一般性热身通常由约50%最大心率（HR_{max}）的5～10min的有氧活动组成。目的是要轻微出汗，而不是要提高心肺耐力。

专项热身运动旨在通过在高强度进行运动之前进行一些功能性的动作或动态拉伸来增强运动的神经肌肉效率，这可以改善训练过程中的动作表现。专项热身运动应包括与训练中将完成的动作尽可能相似的动作，并且应采取较低的速度或较轻的负荷进行运动。另外，尽量选取一些多关节参与的动作，并在不过度疲劳的情况下实施。

二、呼吸

正确的呼吸技巧有助于抗阻训练的运动表现。通常，举重练习者应在运动的停留点（即向心运动中最困难的部分）呼气，并在离心运动时吸气。在某些情况下，特别是直接将重负荷施加到椎骨上的运动，可以使用Valsalva动作策略（憋气）。Valsalva动作会闭合声门，这会增加躯干的刚性，从而减弱椎间盘上的压力。

三、职业因素

消防是一项对身体有严格要求的职业，其中包括无数的紧急和救援任务（例如爬梯、负重和搬运设备，营救人员，在滑坡和崎岖不平的地面上移动）。这些任务的有效性取决于消防员的身体素质，他们必须佩戴个人防护装备以做好任务准备，同时还会携带相关的救援器材。在训练计划中，有氧、无氧能力与肌力、爆发力训练相结合，构成了消防员体能基础。

消防员需要良好的肌肉运用能力来顺利完成各类任务，包括携带设备、抬梯子、拉软管、爬楼梯、拖拽受害者、用大锤斧头强行进入建筑物、进行高空作业、寻找受害者等。有些任务历时很短（例如强行进入，抬高梯子），需要较大的肌力，而某些任务则历时很长，需要较好的肌耐力（例如搬运重物、软管或拖拽受害者），有些任务还对身体平衡性要求较高（例如崎岖地面作业、搜索行动），需要肌肉控制的稳定性和协调性。另外，个人防护装备的重量可达25kg，一些消防任务还需提起和搬运超过自己体重的物体，这些职业因素对消防员的肌力和肌耐力提出了很高的要求。因此，了解职业要求对于制定消防员的肌力和肌耐力训练计划至关重要。

四、预防损伤

消防员的常见损伤包括肩关节、膝关节和下背部的扭伤和拉伤，这通常是由不当的身体姿势或过度疲劳时过度发力所造成。消防员在完成各类任务及进行抗阻训练过程中，关于代偿的概念需要引起注意。

代偿运动，就是指当人体需要维持某一姿势或进行某一动作时，本应发挥作用的肌肉由于过度疲劳或伤病不能正常行使其功能，导致其他肌肉代替它工作，补偿其缺失功能的行为。平时训练中如耸肩、弓背、身体前倾等小动作其实都会产生代偿运动。代偿其实是身体的一种保护机制，在某个肌群、骨关节功能不足时，合理、正确地使用代偿运动能帮助完成目标动作。但过度的代偿运动不仅对提高体能没有帮助，反而会造成损伤。对于一些已经有轻微训练伤的消防员，出现代偿运动后，原本未受伤的组织或部位由于发力不正确，还会造成新的损伤。

第二节

抗阻训练的身体适应

全面了解人体对抗阻训练的急性生理反应及随后产生的适应有利于科学地设计抗阻训练计划。抗阻训练对提高运动成绩的几种重要生理适应见表 8.1。

表 8.1 抗阻训练的生理适应

组织系统	变量	适应
神经系统	反射增强作用	提高
	肌纤维的募集和参与率	提高
	募集的时机和效率	提高
	神经递质释放	提高
	张力抑制	降低
	神经 - 肌肉接口	扩大
骨骼肌	体积	增大
	蛋白质含量	提高
	肌纤维数目	无变化或略微增加
	肌纤维类转变（由快到慢）	提高
	生长因子的表达	提高
	安静状态下的基础代谢水平	提高
	无氧代谢酶活性	不确定变化
	结构性的变化（纤维角度、长度）	提高
	缓冲能力	提高
	毛细血管数量	增加
	线粒体数量	增加
心肺	安静状态下的血压与心率	无变化或者下降
	安静状态下每搏输出量	增大
	急性心率应急	绝对工作负荷的响应度降低
	急性血压应急	绝对工作负荷的响应度降低
	急性心输出量与每搏输出量	提高

续表

组织系统	变 量	适 应
心肺	心室与隔膜体积或厚度	增加
	心室大小	无变化或略微增加
结缔组织	韧带体积与强度	提高
	肌腱体积与强度	提高
	骨密度	提高
	胶原含量	提高
	软骨体积与强度	可能提高或维持基质状态
内分泌	安静时的睾酮、生长激素、胰岛素样生长因子、皮质醇	无变化（除非训练计划重大修改）
	急性睾酮与生长激素响应	可能提高，也可能无变化
	雄激素受体	短暂性上升

　　抗阻训练会引起神经系统、肌肉系统、结缔组织、心肺系统和内分泌系统的积极性适应，从而增大肌肉体积，增强肌肉力量、爆发力和肌耐力。神经系统的适应使身体能募集更多的肌纤维参与并优先调用最有利于力量与爆发力活动的肌纤维。此外，某些神经防御机制（其作用是促进疲劳抑制或产生疲劳，如高尔基腱器官的反射）可能减弱，从而让身体在非常高的承受水平上循序渐进的训练。肌肉的适应会引起肌肉体积增大、基质浓度升高、酶活性增强、肌纤维类型转变加快、组织结构变化以及氧化能力的增强（毛细学管和线粒体密度的增加是采用大强度有氧抗阻练习的一大特点）。力量的提高和肌肉的增大还需要增大结缔组织和其超微细结构的变化来为之创造条件。

　　内分泌系统在抗阻练习过程中具有非常重要的作用。例如激素（即儿茶酚胺和睾酮）能提高肌肉能力，并且在调节练习之后的组织重建过程当中起着尤为关键的作用。此外，心肺功能的加强能使心脏适应更大的负荷，有氧运动会使心肺功能产生更多的整体性变化，而抗阻训练有效地增大心脏的肌肉组织和增强收缩特性。

　　综上所述，这些适应互相交融共同提高身体的运动表现。同时，抗阻训练所引起的这些身体适应性表现很大程度上还取决于所采用的训练计划，例如，逐渐递增负荷的幅度、变化性和专项性等。

第三节

抗阻训练要素

抗阻训练计划是由多个要素组成的，这些要素包括训练类型、训练单元及顺序、训练强度和训练量。改变其中的一个或多个要素都会对训练的刺激作用产生影响。因此，合理安排抗阻练习，就要针对特定的目标控制好各个要素。

一、训练类型

抗阻训练过程中所选择的练习类型对提高肌力、肌耐力、肌肉控制和生理适应能力都起着极其重要的作用。从生物力学的角度出发，可以通过肌肉收缩的类型、关节活动的类型及练习的运动链形式来确定各种练习。在选择练习类型时，建议消防员还需考虑一些实际问题，比如要采用的器材、采用单侧或两侧进行练习等。

1. 肌肉收缩类型

所有的抗阻练习都是由肌肉向心收缩、离心收缩和等长收缩方式完成的。每一次动态重复动作都包含了一次离心收缩、一次向心收缩和一次等长收缩，离心收缩表现为下落阶段或肌肉拉长；向心收缩表现为抬、举起阶段或肌肉收缩；等长收缩表现为静态阶段或肌肉长度无变化。从生理学的角度来讲，离心收缩时肌肉单位横断面产生更大的力，参与的肌纤维数量较小，能耗也较少，造成的肌肉损伤较大。离心收缩模式还比向心收缩模式和等长收缩更有利于肌力增长。此外，在力竭离心收缩模式时，其动态力量的提高量也更大。由于这些原因，一些高水平的举重练习者往往采用力竭离心收缩模式的训练。

向心收缩在抗阻训练中最为常见，大部分抗阻训练的组数也是以向心收缩动作模式来完成练习的组数来确定的。"坚持"是设计组数的首要影响因素，换言之，"坚持"是决定该练习效率的关键点。由于向心收缩模式是动作全过程重复次数的限制因素，因此重量的选择最终取决于能够将多大的重量举过该向心收缩模式的坚持区。例如，在深蹲练习过程中，大腿在刚好超过与地面平行位置处遇到该练习当中最困难的点，一旦越过了该坚持区，在剩下的动作范围内就会比较轻松。因此，也可以认为在向心收缩模式坚持区外的其他动作区域，可能都不会受到最佳训练刺激。

离心收缩训练效果可以借助重物的压力或由同伴施加的反方向力两种训练方式来增强。这两种方式能够给神经肌肉纤维不同负荷刺激，并给增大肌肉力量和肌肉体积提供全面刺激。还有一种大负荷离心收缩训练是采用中、小重量进行两侧对称型练习，然后在离心阶段仅用单侧肢体。例如练习者进行双腿的伸展动作，但随后只用一条腿承受重量，每一次重复动作或每一组动作双腿轮换一次。这些离心收缩训练方式可以为骨骼肌提供极大地超负荷刺激。但是，也要避免过度使用大负荷离心收缩类训练，以减少肌肉的过度损伤和训练过度而受伤的风险。

等长肌肉动作在抗阻练习中有多种方式出现，如表 8.2 所示。

表 8.2　等长收缩练习形式

练习功能	练习形式
稳定性	不同的肌群稳定作用，保持身体姿势对抗外力的影响
对抗性	介于练习中的主动肌的离心收缩与等长收缩之间
控制性	在握紧重物时
专项性	动作范围的特定区域中的主要练习动作

例如，平板支撑练习就是肌肉等长收缩的动作模式，要克服重力作用，就需要躯干肌群的强烈收缩，如图 8.1 所示；在杠铃深蹲练习当中，上半身和躯干以等长方式保持着稳定，以便在下蹲和蹲起身过程中保持杠铃高举的姿势，如图 8.2 所示。手指、拇指和腕部肌肉的等长收缩对于握紧重物起着非常重要的作用，尤其是在提拉练习中，大量救援任务中都会涉及提拉动作，因此消防员应该关注这方面的训练。肌肉等长收缩动作模式在做引体向上时可以作为练习的

图 8.1　平板支撑练习

图 8.2 高举下蹲

主要目标。例如,升起到最高位置并保持一定的时间,背部和手臂肌肉群做等长收缩。此动作可以作为增强特定动作幅度区的力量与肌肉耐力的专项练习来使用。

2. 关节活动类型

控制训练有两种常见的练习形式,即针对一个关节的练习和针对多个关节的练习。单关节练习是对一个关节或主要肌群施加压力,而多关节练习则是对多个关节或主要肌群施加压力。单关节和多关节练习对于提高肌肉力量都很有效。根据练习者的情况,可以任选一种练习结合特定的运动项目来进行。单关节练习(如膝关节等)常用于针对特定肌群的力量练习。由于所涉及的技术和技能水平较低,因此单关节练习风险较小。在神经激活方面多关节练习(如仰卧推举、坐姿推举和深蹲等)技术相对比较复杂,这类练习一直被认为是发展肌肉力量最有效的方法，因为多关节练习者能够举起更大的重量。

多关节练习可以细分为基础力量练习和举重练习。基础力量练习至少包括2～3个肌群，而举重练习（如奥运会举重项目）则涉及大部分大肌群，这是最为复杂的练习。举重是发展肌肉爆发力最有效的练习，因为举重需要极大的爆发力和全身的快速动作。大肌群或多个肌群参与运动的练习会产生大量的急性代谢和激素（睾酮与生长激素）反应。事实上，大肌群练习安排在小肌群练习之前，可以显著地增强小肌群的等长收缩力量，比单独只做小肌群练习的效果更好。大肌群练习时肌群参与数量相对于小肌群练习，会产生更好的无氧刺激环境，因此，肌群参与数量是选择练习时的一项重要的考虑因素。

3. 运动链

从竞技能力的角度出发，闭合运动链练习在专项动作和日常活动动作方面的训练效果会更好。在闭合运动链练习中，其身体远侧部位是固定的（深蹲、挺举，如图8.3所示），而开放运动链练习（腿部屈伸，如图8.4所示）能够让远侧部位在克服阻力的过程中自由移动。研究表明，闭合运动链练习与跳高和立定跳远的成绩之间高度相关。此外，有研究发现，采用闭合运动链练习训练能让纵跳成绩提高10%，而开放运动链练习则没有提高成绩。因此，闭合运动链练习应当作为消防员抗阻训练计划的核心基础练习。

图 8.3　深蹲

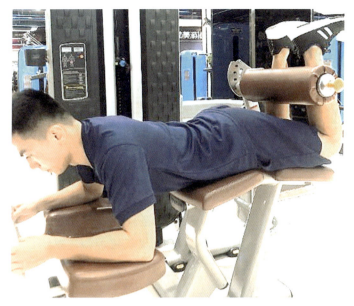

图 8.4 腿部屈伸

4. 阻力器材

抗阻训练就是要抵抗阻力，其阻力来源一般包括身体重量、自由重量或训练器械，这些都能够在规定的动作和运动方式的范围内提供相应的阻力。身体重量即利用身体本身的体重进行抗阻训练，自由重量包括杠铃、哑铃等器材，训练器械则包括各种专门设计的器材，如滑轮、划船机等。阻力的变化可以通过身体姿势、抓握方式、手握的宽度、脚的站姿以及位置等各个方面的变化而调节，在一定程度上对肌肉激活性产生影响，从而使练习的性质和效果发生变化。

人的体重是最基本的阻力来源，例如体重深蹲、弓步、俯卧撑、引体向上、两头起、平板支撑、仰卧起坐、抬腿等。一些技能性的训练（如攀爬绳索）也将体重作为主要的阻力来源。体重训练是体能训练的主要手段，其他训练项目，例如有氧训练、速度、灵敏性，也将体重作为抵抗力的来源，同时，控制身体对于消防员至关重要，因此，进行体重训练是提升消防员体能的最重要条件。通过改变握距、身体姿势来增加阻力臂，或者使用一条手臂或腿，会使体重训练变得更加困难。例如，在俯卧撑的基础上增加横向爬行会增加代谢需求和能量消耗。再比如进行波比训练的氧气和能量消耗值多于传统的抗阻训练。这些数据充分说明了人体重量练习是非常简便而又有效的抗阻训练方式。

当然，自由重量和训练器械在提高肌肉力量和运动成绩方面都非常有效，并有各自的优势和不足，具体取决于练习者的需要。训练器械具有更好的稳定性，并能控制运动路线。而自由重量则需要练习者自己来控制练习动作。在进行自由重量类练习时，起稳定作用的肌肉群承受的负荷会更大。如此一来，就会让人认为训练器械的练习更安全，也更容易入门，而自由重量类练习则能更大程度地促进肌肉发展，事实也是如此。由于训练的针对性，自由重量类练习在携带测试中产生的作用更大，而训练器械类练习则在设备测试中取得的成绩更好。对消防员来讲，可能更加偏向于自由重量类练习，因为携带器材装备是救援任务的必需工作。但是，有些训练器械能够进行自由重量练习很难完成的动作（如腿部屈伸、背部下拉、三头肌下压等），它们可以为个别消防员带来一定的好处。总之，选择自由重量或是训练器械类练习，需要结合消防员个体差异及一些外在的客观因素而定。

除了自由重量和训练器械外，在不稳定环境下进行练习也已成为一种流行的训练方式，如采用稳定球、平衡板，这些练习可以提高躯干肌群及其他稳定型肌群的参与程度。但是，由于这类练习中负荷较轻，这种刺激对提高肌力与肌耐力影响有限。此外，近年来的研究表明，全身各个部位参与的结构性运动，如深蹲和挺举练习等，在激活躯干部位核心肌群方面比不稳定面上进行的练习更为有效。不过，在不稳定平面上进行的练习依然有着其不可替代的作用，例如在康复训练中。消防相关的一些操作如搬运重物、负重行走、翻轮胎和拖假人等练习会动员所有大肌群，并给神经肌肉系统与代谢系统带来巨大的挑战，为全身力量与体能训练提供有益的刺激。对消防员来讲，还可以采用其他器材进行练习，如沙袋、水带、泡沫桶、壶铃、弹力带等，都可以在各种条件下进行大量的练习，尤其是弹力带，能够在整个动作范围内提供变化的阻力，对消防员的平衡能力及主要肌群的稳定性帮助很大。

5. 单侧或双侧练习

在进行单侧与双侧练习时，肌肉激活程度会有所不同。单侧训练可以提高两侧肢体的力量（同时也会增强单侧的力量），而双侧训练也可以提高单侧肢体的力量，同时还会缩小两侧肢体在力量上的差别。对训练有素的消防员来说，两侧肢体的力量差距对训练效果影响很小。因此，单侧与双侧练习都值得推荐。

二、训练单元及顺序

1. 抗阻训练的单元结构

在设计抗阻训练计划时，需要考虑练习中参与肌群的数量。有三种基本的训练单元结构可供选择：全身训练单元、上肢与下肢分开的训练单元、各肌群分开训练。全身训练单元所采用的练习会用到所有大肌群（即每个大肌群安排一到两种练习），这种训练模式在竞技举重练习者当中常见。在竞技举重项目中，主要的举重动作及其变换形式都属于全身练习。通常，在训练单元顺序当中首先进行的技术练习就是举重练习（提拉的变换形式）。训练单元剩下的部分就是基本的力量练习。上肢与下肢分开训练单元是指在一次训练单元中只进行上肢的练习，而在下一次训练单元中则只进行下肢的练习。这种训练单元在举重选手和健美练习者当中很常见。肌群分开练习是在一次训练单元中针对特定的肌群进行练习，比如，在背部与二头肌训练中，先进行背部练习，然后再进行二头肌练习，这是健美训练的特性。

所有这些训练计划的设计都能有效提高练习者的成绩。个人目标、时间与频率以及个人的偏好等决定了体能教练或练习者应当选择何种训练单元结构。这些训练单元结构之间的主要差别在于每次训练单元中的专门化等级（与每个肌群进行的练习的数量有关）以及各次训练之间的恢复时间的长短。在对练习进行排序之前，个性化需要确定采用何种结构（除了完成的练习外）。

一个训练单元当中的练习顺序会显著影响抗阻训练过程中当场负重能力和随后力量的变化。练习顺序应当服从训练的主要目标。在训练单元的前期所做的练习，应该避免产生疲劳、发力速率较大、重复次数较多、举起的重量较大等情况。研究表明，多关节练习（卧推、深蹲、腿蹬伸等）如果安排在训练单元的后期进行（相同肌群完成其他练习能力后），其练习能力会大幅降低。考虑到这类多关节练习能有效提高力量和爆发力，通常会在训练课的前半段优先安排做这些核心的结构性练习（那些对训练计划目标手段的练习）。

例如，举重项目需要爆发力，而疲劳会降低爆发力训练的效果。这些练习必须在训练单元早期进行，这些练习对技术上的要求很高。力量与爆发力训练的顺序安排已有人关注。需要注意的是，这些顺序安排也适用于肌肉耐力训练和发展肌肉体能训练。

对于发展肌肉体能训练和肌肉耐力训练，这些指导原则可能存在着一些例外情况。虽然旨在增大肌肉体积的训练应当包括力量训练，但是，肌肉的生长却是取决于与生物力学和血流量等相关因素。相比之下，力量训练主要是为了提高与生物力学相关的因素。如果训练的目的是为了肌肉肥大，那么在疲劳状态下进行训练就会对促进肌肉生长的代谢因素产生有效的作用。在这种情况下，可以改变顺序刺激肌肉肥大所包括的各种代谢因素。例如，一些健美练习者就采用了一种"预消耗"的方法。首先进行单关节练习（使目标肌群产生疲劳），随后再进行多关节练习。

2. 抗阻训练的练习顺序

进行抗阻训练时，需要根据所要练习的单元，设计练习顺序，以保证训练效果的最大化。无论进行哪种训练单元练习，其练习顺序的原则如表 8.3 所示。

表 8.3　全身性训练单元练习顺序

序号	原　　则	举　　例
1	大肌群练习先于小肌群练习	先杠铃深蹲，再哑铃弯举
2	多关节练习先于单关节练习	先引体向上，再坐姿伸腿
3	全身性练习先于基础性练习	先抓举，再卧推
4	上肢和下肢交替进行	先坐姿伸腿，其次哑铃弯举，再次俯卧举腿，最后臂屈伸
5	不同肌群穿插练习	卧推组次之间进行卷腹
6	高强度练习先于低强度练习	先 80% 1RM 卧推，再 60% 1RM 卧推

进行单肌群的训练单元练习时，尤其需要注意练习的顺序，例如，一名消防员选取哑铃仰卧飞鸟和卧推两个练习发展胸肌力量，那么他应该先进行卧推练习，如果将哑铃仰卧飞鸟放到前面，有可能会导致卧推的失败。

肌肉耐力训练产生疲劳基础才能出现适应，因此，练习顺序可以有多种变化。例如，在较长的休息期或出警率不高期间，可以选择将深蹲练习安排在训练单元的后半段进行。这样会让消防员在疲劳状态下进行练习，这与高强度灭火救援任务当中遇到的情形相一致。

在采用热身练习时，可以变化练习手段。例如，选择在下蹲练习之前进行单关节练习（腿部伸展）来作为热身。这里的关键点在于，腿部伸展要采用小重量进行，不要让练习者产生疲劳。因此，可以有效使用热身练习手段来为高强度的训练做准备。

三、训练强度

　　强度是一个经常用来表达抗阻训练过程中所承受的负荷重量。训练强度很大程度上取决于其他要素，如练习顺序、训练量、训练频率、重复速度以及间歇时间等。强度的安排取决于练习者的训练状态和目标，相当于1RM（即最多只能试举一次时的重量）的45%～50%（或更低）的低强度可以提高未经训练过练习者的肌肉力量。但是，随着练习者训练水平的提高，必须采用更高的强度（至少相当于1RM的80%～85%）来提高最大力量。在大负荷负重练习中肌纤维动员方式与小负荷负重练习不同。提高力量、爆发力、肌肉耐力和肌肉肥大，需要动员更多数量肌肉神经参与。

1. 重复次数

　　举起的重量与进行的重复次数之间存在着一种反比关系，一般来说，高强度和重复次数少有利于提高力量。重复次数的增多和训练强度的降低主要是提升肌肉耐力。

　　1～6RM或大于85% 1RM的负荷有利于发展最大力量，是高水平练习者的首选。6～12RM（67%～85% 1RM）也能发展最大力量，同时可以促进练习者肌肥大，该负荷范围用来发展初级、中级水平练习者的肌肉力量。研究表明，6～12RM负荷范围可提供训练强度与训练量的最佳组合。换言之，6～12RM之间的重复次数可以最大限度促进力学因素与代谢增长因素之间的相互作用。大于12RM的负荷强度对发展最大力量效果较差，但对提高肌肉耐力非常有效。15%～60%的1RM负荷快速动作练习有利于发展峰值爆发力。

　　每个负荷重复次数训练区都有各自的优点，消防员不能将其全部的训练时间都花在一个训练区上，避免出现训练过度的情况。建议初、中级练习者在进行抗阻训练时采用67%～85% 1RM的负荷适量练习6～12次。高水平练习者应当交替67%～85% 1RM负荷和相当于80%～100% 1RM的训练负荷，最大限度增强肌肉力量。如果是训练爆发力，上半身练习采用30%～60%的1RM，下半身练习采用0～60%的1RM。另外还需要注意的是，要根据练习手段确定练习强度，如挺举等多关节练习，可以在训练计划中安排定期的高强度力量练习。在一个训练单元当中不能所有练习都采用高强度，例如，消防员可以先用重负荷（4～6RM）来做深蹲练习，然后再用较低的强度（8～10RM）来做腿部屈伸。确保力量训练效果需要采用大重量的练习，但并不意味着每一项练习都必须采用高强度。当然，核心的部位练习往往要采用较大的强度。

2. 增加强度

在循序渐进的抗阻训练过程中，有三种增加强度的基本方法：增加 1RM 的相对百分比；在某一最大重复次数区间内进行训练；增加绝对训练量。增加 1RM 的相对百分比在周期性的训练计划中很常见，尤其是对于竞技举重、深蹲、挺举和卧推等。练习者可以采用其预定的 70% 1RM 来做一组，然后再采用 80% 的重量做下一组。可以采用百分比来逐组改变强度，或者对一个训练周期进行量化，例如，增加肌肉体积的训练周期一般采用的强度为 67%～75% 1RM，而力量训练周期采用的强度通常超过 85% 1RM。在一个较长的训练周期中，如果体能教练考虑到练习者在训练期间的力量提升潜力，那么相对百分比可能会超过原来计算出的 100% 1RM。相对百分比在无负荷周期中特别有用。相对百分比可以随着力量测试结果变化来调整，因为该百分比要以新的 1RM 力量值为依据。

在一个 RM 区间内进行训练时需要根据当前的训练负荷来增加重复次数，直至达到规定的次数。在一个 8～12RM 的区间内，练习者应选择 8RM 的重量并重复做 8 次试举。

在接下来的几个训练单元中，练习者以该重量多做几次，直到在随后的训练单元中达到 12 次的重复次数。然后再增加训练负荷重量，并让练习者随后重复做 8 次。

通过绝对重量来增加强度是最为常见的，尤其是在辅助性练习和核心区练习中。

比如，一名消防员在卧推练习中用 100kg 完成 6 次重复推举。随着力量的提高，他依然只做 6 次重复推举，但是他采用的是更大的负荷（如 105kg）。当消防员感觉体能水平提高后，就可以增加绝对重量。所增加的绝对重量应取决于练习本身，因为大肌群的练习（如腿蹬伸）可以承受 4～7kg 的增加量，而小肌群的练习（如屈腿）则可能只能承受 1～2kg 的增加量。所有这些方法经过研究后都证明对抗阻训练非常有效。最终要使用哪一种方法或综合使用哪几种方法要取决于消防员的偏好。

3. 超大强度

在某些情况下，可以采用超大强度（大于向心收缩 100% 1RM），它可以提供很大的超量负荷。超大强度用得比较少，大多是在需要获得最大力量的训练周期的最后阶段使用。向心收缩 1RM 也可以被定义为通过关键活动范围所举起的最大重量。因此，可以让消防员用其他肌肉收缩方式和动作范围内其他区段举起超过给定练习的1RM的重量。可以采用"超大重量""被动重复次数"和"超负荷"等方法来刺激神经系统并提高最大力量。超大重量是采用大于100%的1RM的重量（通常超过20%～40%）加在杠铃上，离心收缩模式应当在有人员监护或者配备带有固定销钉的杠铃架的情况下才能进行。"被动重复次数"也是如此，在向心收缩模式阶段应有监护人员协助，但离心收缩模式阶段则主要由消防员自己控制。

超负荷只是支撑住超大重量，而并非真的做这个练习。采用这种训练方法的理论是通过支撑超过100% 1RM的重量来激发神经系统。举重练习者经常使用超负荷进行训练。例如，有一种被称为"走出去"方法用来协助完成超过1RM的深蹲练习，练习者从杠铃离开杠铃架到开始位置都支撑着超大重量，而并不真的做深蹲练习。由于这些训练方法涉及高强度，因此在训练中必须小心谨慎。这些训练方法主要都是针对高水平举重练习者训练的。

4. 动作速度

提举重物速度影响人体对训练所产生的神经、肌肉肥大和代谢的反应。这在很大程度上取决于负荷和疲劳程度。对于不是采取最大重量的练习，消防员在动作过程中采用的速度至关重要。力量是质量与加速度的乘积，当慢速完成重复动作时，力量就会明显降低。肌肉有两种慢速收缩方式：无意减速和有意减速。无意减速一般在高强度重复动作当中出现，在这种情况下，负荷强度和疲劳程度都会对动作的速度产生影响。也就是说，练习者使出最大的力量（希望快速推举重量），但是负荷太重或处于疲劳状态，使得完成练习动作的速度很慢。这种情况在高强度的多组数练习中很常见，并对提高力量产生有效的刺激。此外，在一组的最后几次重复动作中且出现疲劳的情况下，动作速度也会降低。有意识慢速收缩一般与最大重量共同采用，在此情况下，练习者有意放慢速度时的发力要比采用正常速度或爆发性速度时低得多，肌纤维激活水平也会相应降低。有意地缓慢提举重物会迫使练习者大幅减少重量，一项研究发现，其重量要减少大约30%，这就不会为发展1RM力量提供最佳刺激。因此，有意地放慢速度可能对于肌肉耐力训练有所帮助，但对于力量和爆发力训练会适得其反。

中、高速度动作对于提高肌肉力量最为有效，包括1～2s以下的向心收缩模式和1～2s的离心收缩模式。对于力量训练，尽可能快速地举起重物的意图是至关重要的训练特征，这可以使神经反应达到最佳状态。也就是说，在举起重物过程中，速度是关键。中、高速度动作对于多关节练习十分有效，而对于力量训练也比慢速动作更有帮助。此外，快速或爆发性速度的动作对爆发力的提升效果显著。

发展肌肉耐力或增大肌肉体积的练习可采用不同的速度。对肌肉耐力训练而言，其关键是要延长每组的持续时间。有两种方法可供选择：一是采用有意慢速动作来做中等数量的动作；二是采用中、高速度重复多次动作。采用轻负荷的有意慢速训练法会使肌肉持续紧张，且持续的时间更长，例如5s的向心收缩模式或5s更慢的离心收缩模式。这比中、高速度对代谢系统的要求更高。但是，采用有意慢速动作很难进行大量的重复次数。若想重复次数多，最好采用中、高速度。采用慢速、中等重复次数的训练方法和采用中、高速度以及大重复次数的训练方法都会提高训练负荷，刺激能量代谢需求，因此可以作为发展肌肉耐力的一种有效的方法。

5. 训练量

训练量是在一个训练单元中所做的组数与重复次数的总数之和。可以通过改变每个训练单元的练习的数量、每组完成的重复次数以及每项练习所做的组数来对训练量加以控制。通常，每项练习所进行的组数与每个训练单元中进行的练习的数量之间存在反比关系，训练量与训练强度之间也存在反比关系。也就是说，如果安排的训练强度显著提高，那么训练量也就应当减少。力量训练一般都是中低训练量，因为核心区练习中每组练习是中低数量的重复次数。发展肌肉体积和肌肉耐力训练主要是中高强度和训练量。这类训练计划的总训练量都很大，有利于加大内分泌和代谢的反应。

不同消防员的训练量差异很大，这不仅取决于训练强度，还取决于其他各种因素，例如，训练状态、每个训练单元所练习的肌群数量、营养情况、训练及比赛日程等。目前对力量训练的训练量建议是初学者每项练习做1～3组，中级和高级练习者每项练习做2～6组。向中、高级训练过渡时应当采用多组数练习，并且训练量和训练强度都要系统地变化。不建议陡然增大训练量，这样可能导致训练过度。此外，并非所有的练习都要做相同的组数，每项练习的训练量取决于训练计划的侧重点。在设计抗阻训练计划时，每项练习的组数、参与的肌群以及训练单元的总体结构等也是基本的考虑因素。无论采用什么样的训练计划，对初级练习者产生的结果都很相近，在向中、高级训练阶段过渡期间，分阶段、多组训练计划效果更佳。大部分研究都采用的是每项练习做2～6组，受过训练的练习者和未经训练的初学者的力量都得到了显著提高。通常，在抗阻训练当中每项练习做2～6组是最常见的，在此基础上也可以增加或减少组数，均可有效提升抗阻训练效果。

6. 训练组数

在采用多组数练习时，首先要考虑各组练习的结构安排。每个练习过程中的训练强度和训练量可以增加、减少或保持不变。常用的基本结构（及其综合系统）有以下三种。

（1）**固定负荷/重复次数**　每组练习所采用的强度和训练量都相同，这种方式对于增大力量、爆发力、肌肉体积和肌肉耐力非常有效，它可以很容易被安排到分阶段训练计划当中。

（2）**由轻到重负荷**　每一组的重量都有所增加，而重复次数则保持不变或有所减少。采用这种方法的一个常见例子就是"递增式金字塔训练法"，通过逐步增加训练强度可以发展体能中各项运动素质。在尝试最大重量之前有一个递增的过程，从这个意义上讲，这种方法颇具优势，但是，过度使用递增式金字塔训练法会增加训练过度的风险。

（3）**由重到轻负荷**　采用这种方法的一个常见例子就是"递减式金字塔训练法"。其中，每一组的重量都会有所减少，而重复次数则保持不变或有所增加。其优点是，先完成负荷最重的一组，而此时的疲劳感是最轻微的。但是，对这种方法持反对意见的人通常会担心练习者在做负荷最重的第一组时会得不到充分的热身。实际上每种方法各有利弊，每种方法都是有效的，采用何种方式要取决于消防员的个人偏好。

7. 间歇时间

间歇时间的长短取决于训练强度、训练目标、体能水平以及所针对的供能系统的发挥情况。组与组之间和各项练习之间的休息时间，会显著地影响抗阻练习过程中人体对急性刺激所产生的代谢、激素和心肺反应，以及随后的各组练习中的表现和训练适应。间歇时间过短不利于快速力量和爆发力训练的发挥，会降低成绩，而较长的间歇时间则有助于保持训练强度和训练量。

对抗阻训练的长期研究表明，组与组之间的休息时间较长（如 2～3min）与休息时间较短（如 30～40s）相比，较长休息时间对力量的提高程度更大。建议其采用的休息时间至少为 2～5min。此建议也同样适用于发展肌肉体积的训练。力量与爆发力的成绩极大地取决于 ATP-CP 系统，该系统通常需要 3min 恢复时间。高强度的举重练习需要有最大数量的能源物资供应，以便在很少疲劳或无疲劳状况下完成该组练习。在采用较短的间歇时间的情况下，肌肉力量也可能会提高，但提高的速度很慢。

在进行肌肉耐力训练时，间歇时间的选择会产生很大影响。提高肌肉耐力的训练意味着消防员的重复次数较多；减少每组之间间歇时间可以提高训练效果，因此，肌肉耐力训练应采用较短的间歇时间，一般不超过30s。

8. 训练频率

训练频率是指每周进行力量练习的次数，会影响训练适应。它取决于多种因素，比如训练量、训练强度、练习的选择、体能水平或训练状态，恢复能力、营养的摄取以及训练目标等。许多抗阻训练的研究都主张，对未经训练的练习者采用每周2~3天的隔日训练。这样的训练频率被证明是起步阶段的一种有效的训练频率。另外，训练经验的积累不一定意味着改变抗阻训练的频率，而是要更多地考虑改变其他重要因素，如练习手段的选择、训练量和训练强度等。其他一些研究则主张，提高最大力量的训练的频次，每周4~5天要优于每周3天，每周3天要优于每周1~2天，而每周两天则要优于每周1天。综合考虑，建议刚开始接触抗阻训练的消防员采用每周2~3天的训练频次，随着抗阻训练的适应及肌力水平的提升，逐步增加至每周4~5天。

第四节

抗阻训练的动作方法

抗阻训练有许多的动作方法，有些动作是将人体当作阻力来源，通过变换身体支撑点和阻力臂来调节阻力的大小，以此来进行抗阻练习；有些动作则是需要借助一些器械，包括可移动的自由重量器械和固定式的组合器械，其阻力大小均可自由选择。本节将介绍一些典型的身体重量抗阻动作和自由重量抗阻动作。

一、身体重量动作

1. 腰背伸举

目标肌群：竖脊肌、臀大肌、半膜肌、半腱肌、股二头肌。

准备动作：将双脚放在踝关节固定架位置，膝关节略微弯曲，并且髋关节由器械坐垫支撑；身体应从脚跟到肩膀对齐，平行于地面或与地面成45°角，具体取决于器械；在整个运动过程中，膝关节应保持轻微弯曲。如图 8.5 所示。

图 8.5　腰背伸举 1

向下动作：让髋关节弯曲，使肩膀降低；在整个运动过程中，躯干应保持正直；继续下降直到躯干垂直于地面，或尽可能低，以保持适当的形态。如图 8.6 所示。

图 8.6　腰背伸举 2

向上动作：伸展髋关节，使肩膀向上抬，同时保持膝关节略微弯曲；继续该动作，直到达到起始位置。

易犯错误：肩膀和背部向前弯曲；在运动的顶部使下背部过度伸展；锁定膝关节。

变换动作：调整器械角度、增加身体配重。

2. 引体向上

目标肌群：背阔肌、大圆肌、斜方肌、菱形肌、后三角肌。

准备动作：抓住一根向上拉的杠子，其宽度略大于肩宽，手掌朝前；肘关节完全伸出的情况下抓握横杠；眼睛应向前或稍微向上聚焦。如图 8.7 所示。

图 8.7 引体向上 1

向上动作：同时弯曲肘关节，同时抬起肩膀，使身体抬起；在整个运动过程中，整个身体应保持与地面垂直；继续向上运动，直到下巴穿过横杠上方。如图 8.8 所示。

向下动作：伸肘展肩，使身体降低。

易犯错误：使用下半身产生动量以将身体向上推动；在每次重复结束时不允许肘关节完全伸展；无法充分抬高身体以使下巴越过横杠。

变换动作：改变双手抓握横杠的距离、采取正手抓或反手抓。

图 8.8　引体向上 2

3. 俯卧撑

目标肌群：胸大肌、前三角肌、肱三头肌。

准备动作：身体俯卧呈水平状态，躯干保持稳定，脚尖触地；双手应平放在地面上，稍宽于肩或与肩同宽的位置；并使上臂与躯干成 45°角。如图 8.9 所示。

图 8.9　俯卧撑 1

向上动作：同时伸展肘关节并收起肩膀；整个运动过程中，躯干和腿部应保持一条直线。继续向上运动，直到肘关节完全伸展。如图 8.10 所示。

图 8.10　俯卧撑 2

向下动作：弯曲肘关节，伸展肩膀；躯干和腿应保持一条直线；继续向下移动，直到躯干离地面约 5cm 为止。

易犯错误：躯干和腿未能保持一条直线；肘关节未能充分伸展。

变换动作：调整双手的位置来改变阻力臂的大小；单腿俯卧撑；悬吊俯卧撑。

4．悬吊斜拉

目标肌群：背阔肌、大圆肌、中斜方肌、菱形肌、后三角肌。

准备动作：足部背屈，脚跟着地，双手抓握悬吊绳使躯干与地面的夹角小于 90°；肘关节伸直，肩关节屈曲，手臂垂直于躯干；躯干应以适合的角度向后倾斜；躯干与地面的角度越小，运动难度越大。如图 8.11 所示。

图 8.11　悬吊斜拉 1

向上动作：弯曲肘关节并伸展肩膀，将躯干拉向悬吊绳手柄；继续进行此动作，直到手柄与胸部前侧对齐；在整个运动过程中，身体从脚跟到肩膀应保持直线，并且仅手臂运动。如图 8.12 所示。

图 8.12　悬吊斜拉 2

向下动作：伸展肘关节并使肩关节屈曲以降低身体；继续该动作，直到达到起始位置。

易犯错误：在运动过程中髋关节弯曲或伸展；在运动过程中弯曲或伸展颈部；在运动最低位置未能充分伸展肘关节。

变换动作：调整躯干与地面的夹角；单手操作。

5. 悬吊单腿深蹲

目标肌群：臀大肌、股四头肌、股二头肌、半膜肌、半腱肌、股外侧肌、股内侧肌、股直肌。

准备动作：双手握住悬吊带的手柄，上臂靠近躯干，肘关节弯曲大约 90°；整个运动过程中，单脚站立，脚尖朝前，另一条腿向前伸展，使脚离开地面。如图 8.13 所示。

向下动作：通过髋关节和膝关节屈曲使支撑腿下蹲，并使膝关节保持在脚的正上方；继续向下运动，直到支撑腿的大腿与地面平行，或在保持质量的前提下，继续略微下蹲；随着身体下降，肩关节会屈曲，肘关节则伸展；在整个运动过程中，握紧手柄，躯干应保持正直，头部应保持中立，眼睛目视前方或略微向上。如图 8.14 所示。

向上动作：同时伸展支撑腿的膝关节和髋关节以返回到初始位置；在向上运动过程中通过拉动悬吊带手柄同时伸展肩关节和屈曲肘关节来提供帮助；练

习结束时,将支撑腿和前伸腿交换,然后重复动作。

图 8.13 悬吊单腿深蹲 1

图 8.14 悬吊单腿深蹲 2

易犯错误:在动作的下移阶段向后倾斜太远;支撑腿的膝关节不在脚的正上方;在运动过程中前伸腿的脚跟掉落。

变换动作:可降低难度,采用双腿深蹲。

除以上动作之外,还有一些诸如仰卧起坐、负重深蹲等身体重量抗阻练习也是非常有效的训练手段。

二、自由重量动作

1. 杠铃硬拉

目标肌群：臀大肌、股四头肌、股二头肌、半膜肌、半腱肌、股外侧肌、股内侧肌、股直肌。

准备动作：双脚分开站立，与髋同宽；杠铃中线与身体正中对齐放于地面；双手正握或一正一反握住杠铃，手臂放在膝关节外侧，保持肘关节伸展；并使杠铃接触小腿中部位置。保持膝关节、髋关节和踝关节三重屈曲，并与地面成大约45°角。如图8.15所示。

图 8.15 杠铃硬拉 1

向上动作：先伸髋再伸膝，并使杠铃在靠近腿部的位置向上移动，直到杠铃处于大腿中间位置并且躯干垂直于地面为止；在整个运动过程中，背部应保持正直。如图8.16所示。

向下动作：髋关节屈曲，随后屈曲膝关节和肩关节，同时保持肘关节伸展，使杠铃紧贴腿部向下移动，直到杠铃回到起始位置；在整个运动过程中，背部应保持正直。

易犯错误：脊椎向前弯曲；在伸展髋关节之前先伸展膝关节；向上动作时过度伸展背部。

图 8.16　杠铃硬拉 2

2. 臀桥支撑

目标肌群：臀大肌、股二头肌、半膜肌、半腱肌。

准备动作：仰卧，使上背部靠于长凳或类似稳定的表面，躯干保持伸展状态；膝关节弯曲小于 90°，双脚平放在地面上；脚位于膝关节正下方，小腿垂直于地面；将杠铃放在腹股沟处，双手抓握杠铃。如图 8.17 所示。

图 8.17　臀桥支撑 1

向上动作：伸展髋关节，使杠铃上升，直到最高位置，这时躯干和大腿应保持一条直线，并与地面平行；在整个运动过程中，双脚应平放在地面上。如图 8.18 所示。

图 8.18　臀桥支撑 2

向下动作：髋关节屈曲，使杠铃向地面下降，直到起始位置。

易犯错误：在动作最高点时下背部过度伸展；只有脚跟着地；双脚过于靠前或靠后。

变换动作：可以在没有额外阻力的情况下进行训练，例如仰卧于地面利用自身体重做桥式支撑；也可以在髋关节位置放置配重以加大负荷，或是采取单腿进行练习。

3. 前蹲举

目标肌群：臀大肌、股四头肌、股二头肌、半膜肌、半腱肌、股外侧肌、股内侧肌、股直肌。

准备动作：在肘关节和肩关节屈曲的情况下，将杠铃或类似重物放于肘关节位置；上臂应大致平行于地面。脚应与肩同宽或稍宽于肩，并保持躯干正直。如图 8.19 所示。

向上动作：双脚位置不变，同时伸展髋关节和膝关节直到起始位置。

向下动作：同时屈曲髋关节和膝关节在可控范围内下降，膝关节应保持在脚上方，直到大腿与地面平行或可以保持最佳状态为止；在整个运动过程中，躯干与头部应保持正直，眼睛目视前方或略微向上。如图 8.20 所示。

易犯错误：肩膀和背部向前弯曲呈圆肩或圆背姿态；膝关节内扣或外翻导

致髋、膝、踝关节没有呈一条直线。

图 8.19　前蹲举 1

图 8.20　前蹲举 2

变换动作：可用哑铃或其他重物进行替换。

4. 农夫走

目标肌群：前臂屈肌、斜方肌和中三角肌。

准备动作：身体正直，双臂伸直，双手持哑铃。

动作要领：双手抓握哑铃或其他训练器具的同时向前行进来完成此练习；在整个运动过程中，躯干应保持正直，眼睛向前或稍微向上聚焦，并且肘关节保持伸展；可以按规定的步数、时间或距离进行此练习。如图 8.21 所示。

图 8.21　农夫走

易犯错误：肩膀和后背向前弯曲；哑铃或训练器具掉落到地面上；负荷太重导致消防员无法保持正确姿势；运动中肘关节弯曲。

变换动作：可使用其他重物替换哑铃。

5. 哑铃卧推

目标肌群：胸大肌、前三角肌、肱三头肌。

准备动作：仰卧在长椅上，双手持哑铃并高举；屈曲肩关节并伸展肘关节，使手臂垂直于地面；头、肩膀和臀部应与长凳接触，双脚平放在地面上；在整个运动过程中，应保持这五个接触点。如图 8.22 所示。

向上动作：屈曲肩关节的同时伸展肘关节，直到哑铃回到起始位置；换另一条手臂重复此过程以完成规定的次数。

向下动作：伸展一条手臂的肩关节，同时肘关节屈曲，使手臂与躯干成 45°角；继续向下运动，直到哑铃与胸部对齐；在整个运动过程中，另一条手臂保持静止。如图 8.23 所示。

图 8.22 哑铃卧推 1

图 8.23 哑铃卧推 2

易犯错误：在一条手臂推举的同时，另一条手臂无法保持不动；髋关节上抬脱离板凳；头部抬离板凳。

变换动作：可使用水带等器材替代练习。

6. 哑铃划船

目标肌群：背阔肌、大圆肌、中斜方肌、菱形肌、后三角肌。

准备动作：双脚与髋同宽或稍宽于髋站立，髋关节与膝关节屈曲，躯干与地面成 45°角；手臂垂直于地面，一只手握住哑铃并握紧手掌，虎口朝前，哑铃应在两脚之间；在整个运动过程中应保持腿部和躯干的姿势不变。如图 8.24 所示。

图 8.24　哑铃划船 1

向上动作：伸展持握哑铃手臂的肩关节并屈曲肘关节，将哑铃拉向胸部，直到哑铃触碰侧面躯干且手掌朝内。在整个运动过程中，腿、躯干和另外手臂的位置不变，只有握住哑铃的手臂运动。如图 8.25 所示。

向下动作：屈曲持握哑铃手臂的肩关节并伸展肘关节，将哑铃向下移动，直到起始位置；练习结束时，换另一条手臂重复该动作。

易犯错误：借助腿部或躯干产生动力来向上提握哑铃；在运动过程中躯干旋转、屈曲或伸展。

变换动作：可使用其他器材替代练习。

图 8.25 哑铃划船 2

7. 壶铃甩摆

目标肌群：臀大肌、半膜肌、半腱肌、股二头肌、股内侧肌、股外侧肌、股直肌。

准备动作：双脚与髋同宽或稍宽于髋站立，脚尖与膝关节方向一致；双手抓住壶铃，使壶铃大约位于两腿膝关节之间；保持膝关节和髋关节屈曲，并且背部应保持正直，与地面成大约 45°角。

向上动作：伸展髋关节和膝关节，保持肘关节伸展，并使肩关节被动前屈，以使壶铃在身体前方向上摆动，直到躯干垂直于地面，壶铃摆于胸前位置；在整个运动过程中，躯干应保持正直。如图 8.26 所示。

向下动作：屈曲髋关节和膝关节，伸展肩关节，同时保持肘关节伸展，使壶铃在两腿之间向下移动，直到壶铃在两腿之间下摆至臀部后方；在整个运动过程中，躯干应保持正直。如图 8.27 所示。

易犯错误：躯干向前弯曲；使用上半身而不是髋关节来产生动量；过度伸展背部。

变换动作：可单手练习。

图 8.26　壶铃甩摆 1

图 8.27　壶铃甩摆 2

8. 土耳其起立

目标肌群：臀大肌、半膜肌、半腱肌、股二头肌、股四头肌、股外侧肌、股中间肌、股内侧肌、股直肌、前三角肌、胸大肌、肱三头肌、腹直肌。

准备动作：仰卧，右臂向外伸展，与躯干成 45°角平放在地面上，手掌向下；左手持壶铃并高举于胸部上方；左膝关节和髋关节屈曲，左脚平放在地面上，右腿伸展。如图 8.28 所示。

图 8.28　土耳其起立 1

向上动作：左手持握壶铃，左臂始终为伸展状态，眼睛专注于壶铃；左脚蹬地以旋转髋关节和躯干，同时右肘关节屈曲，右前臂支撑于地面，以使身体通过右前臂和右臀部保持平衡；右臂、左脚及髋关节继续发力将身体推离地面，使身体头部、躯干和右腿保持一条直线，如图 8.29 所示；右腿膝关节屈曲，右

图 8.29　土耳其起立 2

脚位于臀部后方，脚尖着地；髋关节、右脚和右手同时发力，使躯干抬起并垂直于地面，此时应为右膝着地，左膝前弓；向左侧略微旋转身体，面向起始时的脚部方向，双腿发力使双腿起立，右腿上前一步与髋同宽；在整个运动过程中，躯干应保持正直，壶铃位于肩关节、肘关节和左手的正上方，目视壶铃。

向下动作：按照向上动作的相反顺序返回至起始仰卧位置；这一过程主要针对肌肉的离心收缩；练习结束时，换另一条手臂重复动作。

易犯错误：握住壶铃的手臂与地面不垂直；负荷过大导致手臂不稳；动作不到位或发生代偿。

变换动作：可使用其他器材替代。

第五节
抗阻训练的计划

有效的抗阻训练计划应满足消防员的个人需求。个性化的抗阻训练计划是最有效的，它确保训练计划是以目标为导向的，对消防员不同肌群、不同需求的针对性很强。在评估工作结束后，就可依据需求制订处方式的抗阻训练计划。

一、训练目标

训练计划的第一步是确定好训练目标，以便为训练计划的制订指明方向。抗阻训练的常见目标包括伤病恢复和肌肉体积、力量、爆发力、速度、局部肌肉耐力、平衡性、协调性、柔韧性、身体脂肪百分比及健康状况的改善等。

1. 能力素质目标

大多数训练计划都会通过平衡多种素质和要素来对身体产生影响，不只是集中在单一运动素质。例如，体操练习者需要很高的力量与爆发力，但如果肌肉过度发达则有可能导致运动功能的下降，这些练习者需要很高的力量与肌肉量比，其训练计划的目标应该是最大限度增强运动神经功能，而不是过分地强调肌肉体积的增大。再比如，橄榄球前锋除了要增强力量与爆发力外，如果其肌肉较为发达且脂肪低，则会具有很大优势，这些练习者可以专门针对性训练来增加肌肉体积。还比如，健美运动员为了取得最佳的竞技效果，过分地强调肌肉的体积，而肌肉的功能性相对欠缺。不同的能力需求对抗阻训练计划的制订有着深入的影响，消防员抗阻训练关注的重点应该是动作的功能性，因此，训练计划必须反映这些需要，并包含足够的超负荷训练方法和多样性，以实现上述目标。

虽然训练计划目标通常都是提高体能水平，但有时是为了保持练习者现有的体能水平。为此，抗阻训练也可以用来维持当前的体能水平而不是进一步提高。这类训练计划通常在较长的休息期采用。

2. 肌肉目标

一般而言，所有大肌群都要得到训练，同时要注意根据消防员的优势和不足以及专项需要而有所侧重。在设计消防员抗阻训练计划时需要考虑主动肌和拮抗肌的肌力保持相对平衡。拮抗肌是指在主动肌收缩完成动作的过程中，位于主动肌相反一侧并同时松弛和伸长的肌肉，对动作的稳定性及训练的安全性至关重要，应该选择合适的训练手段全面发展所有肌群的力量。大肌群的科学训练应保持主动肌和对抗肌之间的平衡关系以及起到动作稳定的作用，股后肌群和股四头肌就是一个典型的例子。与大肌群相比，小肌肉通常较为薄弱。例如，应当注意关节旋转所需的肌群、肩胛骨固定肌群、脊柱深层肌肉、核心区和躯干肌群。肌肉全面发展的保障是对消防员的肌力水平定期进行评估，确定其优势和不足，并对训练过程进行监控。

3. 康复目标

康复性的抗阻训练重点应放到那些最容易受伤的部位。例如，一名消防员的前十字韧带撕裂。那么，在他的康复训练中应该注重躯干到脚的训练，训练计划应包含三个运动平面的练习，增强膝、踝和髋关节肌群力量，减少膝关节受伤的可能性，加强躯干肌群的抗阻训练也会取得相同的效果。

二、训练条件

1. 健康条件

制订抗阻训练计划时还应考虑是否存在可能影响训练内容或训练强度的健康问题或伤病，这些状况可能会影响消防员抗阻训练的实施。在消防员完全康复之前，应将训练重点放在一些康复性动作方面，以使身体尽快恢复。

2. 阻力条件

抗阻训练的阻力来源也是必须考虑的环节，例如，身体重量、自由力量训练器械、弹力带、训练球与平衡球、平衡板等，这些阻力将决定抗阻训练的练习形式。虽然优秀的训练计划可以变换练习形式来减小对阻力条件的依赖性，但了解可供使用的阻力有利于消防员选择合适的练习手段。

三、训练实施考量

1. 训练要素考量

首先应确定抗阻训练的实施有无时间的限制，是否要在规定的时间、规定的时长内继续训练？对消防职业来讲，出警时间的不确定性以及其他业务学习等诸多事项是消防员有效实施训练计划的重要影响因素，因此应该制订一些较短时长的分段小周期训练计划，以减小以上因素的干扰，这一点对其他训练项目同样适用。在此基础上来确定每个单元选择的练习手段、每周的训练总量和训练强度等，例如一名消防员的训练时间为 1h，那么其制订的训练计划就必须不能超出这一时间段，这就决定了这名消防员所选择的练习类型、单次训练量、训练强度以及各组练习之间的间歇时间等。同时也要注意，如果训练强度及训练量等刺激不够，有可能导致训练效果不升反降。因此，应当综合考虑这些因素，合理设计周期性训练维持体能水平，以确保训练效果稳中有进。

2. 能量代谢考量

人体内有三大代谢系统：ATP-CP 系统、糖酵解系统以及氧化系统。大多数抗阻训练计划针对 ATP-CP 系统和糖酵解系统。重复次数少、间歇时间长的高强度练习刺激的是 ATP-CP 系统。相反，中、高重复次数，中、短间歇时间，中、高强度练习通常针对的是糖酵解系统。在制订抗阻训练计划时，应注意这两种供能系统是否满足消防员具体任务的供能系统需要。有氧系统也会在抗阻练习过程中参与供能，但是其主要训练手段是通过有氧耐力训练而更有针对性的提升。当然也不排除一些间歇时间短、重复次数多的循环训练方案，也可以有效地提高有氧供能系统。

3. 肌肉工作考量

抗阻训练计划应包括向心收缩练习、离心收缩练习和等长收缩练习，这三种类型的肌肉收缩方式与救援任务有较高的相关性，定期练习特定肌肉收缩方式的动作模式，产生特定的适应性反应，可以有效提升消防员的职业工作能力。灭火战斗中消防员需要携水带纵深进攻，破拆作业中需要长时间手持装备，对消防员等长力量要求较高；搜索被困人员需要强行进入室内，携带装备负重登楼，对消防员向心力量要求较高；背负伤员从高处救下，携带装备负重下楼，对消防员离心力量要求较高。因此，训练计划中应考虑这些职业任务需求，包含多种肌肉收缩练习，提高消防员的力量水平。

小结

- 消防员需要充足的肌力、肌耐力、爆发力及稳定的肌肉控制能力，抗阻训练是增进这些能力的有效手段，是消防员训练计划中的一种重要方式。正确的训练处方和训练变量的调整是提高消防员力量并降低受伤风险的最有效方法。
- 调控抗阻训练的各种变量对于训练计划的设计至关重要。人体通常会在 1 ~ 2 周之内就能适应其当前的训练负荷。因此，必须不断地修改训练计划以保持有效的训练刺激和防止训练效果停滞不前。修改措施包括增加重量或负荷、增加重复次数、提高动作速度、延长或缩短间歇时间等。只要循序渐进增加训练强度并不断变化专项性，任何抗阻训练计划都会取得效果。训练的专项性是针对特定刺激适应性，包括肌肉收缩方式的针对性、动作范围的针对性、供能系统动员的针对性、速度神经肌肉募集方式等。消防员的抗阻训练，要综合考虑以上因素，以便最大限度提高力量水平。

第九章

爆发力、速度和灵敏性训练

各类救援现场的严峻性对消防员的体能要求非常苛刻，必须要有足够的体能储备，这也是消防工作的最大特点。很多情况下，要求消防员爆发性的发力、瞬间做出反应、灵活地变换身体位置，这些要求关系到救援任务的成败，甚至是生命。例如，在救援现场，消防员可能需要强行破门进入室内，或者快速撤离危险区域，还有在崎岖不平的地形中行进，这些场景都需要消防员不同专项的体能以及高度的神经肌肉控制来维持速度和平衡。因此，根据生理需求和工作压力，消防员可能需要执行任务的肌力和爆发力，同时，还应具备应对各种突发事件的身体反应能力，包括速度和身体的灵活性。很明显，这些专项能力对应的是消防员的爆发力、速度及灵敏性。这三项素质有两个共同的特点，一是都需要良好的神经肌肉控制，二是都需要无氧供能。

本章将讨论爆发力、速度和灵敏性训练的基础知识及训练方法。通过将这些方法结合到体能训练计划中，消防员将能够更好地完成各类任务。

第一节

爆发力训练

爆发力是指人体肌肉做功的工作能力或工作完成的速度。但是，就消防员运动表现而言，爆发力的最好定义为执行给定任务的力和速度的最佳表达，即力与速度的乘积。爆发力训练需要两条负荷调整策略：力量和速度。训练负荷越大，速度下降越快。因此，进行重负荷抗阻训练可以提高肌肉力量，但却不能优化速度要素。在进行爆发力训练时，要以中、低强度的练习完成爆发性用力动作。爆发力训练可以在抗阻训练计划中实施，也可以采取一些增强式的训练手段。

一、爆发力训练形式

很多研究表明，采用 15%～60% 的 1RM 重量快速动作练习（如蛙跳和卧推）有利于发展峰值爆发力。为了确保训练的有效性和专项性，爆发力训练强调训练的强度要满足专项的需求。对消防员来讲，由于生理上的需求和任务要求，快速产生力量的能力对于在许多任务情况下取得成功至关重要，例如，消防员需要快速冲刺达到目标、迅速推拉物体或受害者以确保安全、越过大小不同的障碍物、攀登拉梯及爬楼梯等。按照传统的爆发力训练建议，在抗阻训练计划中分阶段安排 3～6 组、每组重复 1～6 次的爆发力训练计划，其中上半身练习采用 30%～60% 的 1RM，下半身练习采用 0～60% 的 1RM，具体训练实施可参考抗阻训练。本节将重点介绍快速伸缩复合训练。

近年来，快速伸缩复合训练被广泛地用于爆发力的训练，它是一种增强式的训练手段。快速伸缩复合训练的肌肉收缩是指在一定负荷下骨骼肌延长或预先伸展，造成强有力的肌肉向心收缩。其练习形式包括跳深、推拉、抛投等动作，这些运动在很大程度上依赖于肌肉的一系列弹性成分以及拉长 - 缩短周期（stretch-shortening cycle，SSC），以提高反应速度及强度。在肌肉离心收缩期，快速伸缩复合训练的肌肉收缩实质上是受负荷和肌肉离心收缩期的肌肉拉长速率所影响。

快速伸缩复合训练由三个主要阶段组成，第一个阶段是肌肉离心收缩或负重阶段，在运动的这一阶段中，肌肉快速负重，使肌肉内的弹性成分存储弹性能量，这种快速的离心收缩也会刺激肌梭防止肌肉过度伸展，如图 9.1（a）所示。第二阶段会进入过渡阶段，这一阶段介于离心收缩结束和向心收缩开始之间，运动神经元会发送信号到肌肉，命令肌肉开始做功，如图 9.1（b）所示。第三阶段是肌肉的向心收缩阶段，表现为肌肉释放弹性能量获得爆发性的收缩，如图 9.1（c）所示。快速伸缩复合训练的目的就是要减少拉长 - 缩短周期以使肌肉获得更大的爆发力。

(a) 肌肉离心收缩或负重阶段

(b) 离心收缩到向心收缩的过渡阶段

(c) 肌肉向心收缩阶段

图 9.1　跳远和拉长 - 缩短周期

二、快速伸缩复合训练动作

快速伸缩复合训练按照身体部位可分为上肢练习、下肢练习和躯干练习。例如，单腿跳是下肢快速伸缩复合练习，头上抛球是上肢的快速伸缩练习，旋转抛接球是躯干的快速伸缩练习。练习方式分为无反向式（NCM）和反向式

（CM），对于借助作用于地面的练习来说，还有一种双接触式（DC）。无反向式的特征是收缩环节前肌肉无拉长动作，如先蹲好，再起跳；反向式的特征是在收缩环节前肌肉有拉长动作，如先下蹲，再起跳；双接触式的特征是在肌肉拉长环节之后有一次地面接触，然后紧接着收缩环节，如垫脚起跳。

下面，着重介绍几种快速伸缩复合训练典型动作，三种练习方式任选。需要注意的是，训练前一定要进行热身。

1. 双脚跳

目的：在踝关节处产生爆发性足底屈曲，提高 SSC 的利用率，并规范正确的着地技巧。

动作要领：半蹲姿势，双脚分开与臀部同宽，双臂向后伸展，如图 9.2 所示；快速向后摆动手臂，同时，快速伸展踝关节、膝关节和髋关节，让身体向上跳跃，如图 9.3 所示；恢复至准备姿势，立刻重复上述动作，完成练习次数。

图 9.2　双脚跳 1

图 9.3　双脚跳 2

2. 提膝跳

目的：发展下肢爆发力并改善髋关节活动度。

动作要领：半蹲姿势，双脚分开与臀部同宽，双臂向后伸展，如图9.4所示；在胸部接近膝关节的同时进行反向运动跳跃；在跳跃的最高处，双手快速触摸膝关节，如图9.5所示；降落在起始位置；重复所需的次数。

图9.4　提膝跳1

图9.5　提膝跳2

3. 单脚跳

目的：通过单腿训练下半身爆发力。

动作要领：单脚站立；手臂迅速向后摆动并下蹲，如图 9.6 所示；然后垂直向上跳得尽可能高，如图 9.7 所示；降落在起始位置，并在支撑腿达到平衡后，重复该动作至所需的次数；此练习可横向跳跃。

图 9.6　单脚跳 1

图 9.7　单脚跳 2

4. 箱上弹跳

目的：通过单腿训练下半身爆发力。

动作要领：站在 30～60cm 的跳箱后面，将一只脚放在跳箱的顶部，如图 9.8 所示；前脚迅速蹬踏，向上伸展臀部、膝关节和踝关节；手臂应同时向上摆动，以帮助产生更大的全身力量，如图 9.9 所示；落地时以相同的脚放在箱子顶部起始位置，脚应与跳箱完全接触；重复所需的次数，然后换腿练习。

图9.8　箱上弹跳1

图9.9　箱上弹跳2

在整个动作中，确保重心保持在跳箱上方。可以运用交替的方式进行练习来增加练习的强度，例如，右脚从跳箱的顶部开始，然后腿在跳跃的顶点处切换，左脚落于跳箱上。在整个动作过程中，应尽量最小化脚与跳箱的接触时间。该训练也可以单腿横向移动或以分步换箱的形式进行来增加难度，例如当消防员在跳箱上过渡时，会将身体重心从箱子的一侧移到另一侧。

5. 跳深

目的：利用高离心负荷来使起跳时产生更强大的向心肌肉动作，提升下身爆发力。

动作要领：身体正直，站在跳箱边缘位置，脚趾靠近跳箱边缘，直接走出跳箱，如图 9.10 所示；落地后，立即最小化与地面接触时间，尽快跳到尽可能高的位置，如图 9.11 所示；落地后膝关节微弯，退回到跳箱上，然后重复所需的次数并换腿练习。

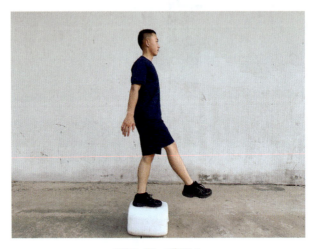

图 9.10 跳深 1

图 9.11 跳深 2

可以先从 30cm 的高度开始，逐步提高跳箱的高度来增加强度。此练习也可以通过跳下跳箱并横向跳动，或向前跳跃最大距离而不是最大垂直高度来进行，也可以在落地后跳到另一个箱子来进行此练习。

6. 跨步跳

目的：发展节奏，并改善摆动腿的三重伸展和前腿的三重屈曲。

动作要领：首先将一条腿抬起，使其髋关节、膝关节、踝关节屈曲大约90°，同时提起另一只手臂；伸展站立腿的踝关节、膝关节和髋关节向前跳，同时前腿的髋关节、膝关节和踝关节仍屈曲90°，手臂也应保持90°弯曲，如图9.12所示；将弯曲的腿放回地面，立即用另一条腿重复跳跃动作，同时手臂和腿应以往复的方式动作（即：右臂摆动是为了左腿向前；左臂摆动是为了右腿向前），以平衡下半身的旋转力，如图9.13所示。

图 9.12　跨步跳 1

图 9.13　跨步跳 2

此动作也可以向后以及横向进行。另外，可以在更长的距离上练习或增加更大的跨步幅度来增加强度。

7．横向障碍跳

目的：增强下肢变向的爆发力。

动作要领：身体正直，双脚分开与肩同宽，如图 9.14 所示；快速下蹲，弯曲踝关节、膝关节和髋关节使身体横向跳跃在圆锥体或障碍物上方，如图 9.15 所示；控制身体降落在圆锥体或障碍物另一侧，如图 9.16 所示；然后立即重复上述动作跳回至起点。

图 9.14　横向障碍跳 1

图 9.15　横向障碍跳 2

图 9.16　横向障碍跳 3

逐渐增加障碍物的高度或仅用一只脚进行跳跃,可以增加练习难度。

8. 拍手俯卧撑

目的:培养上身爆发力。

动作要领:俯卧撑预备姿势,弯曲肘关节并伸展肩关节来进行反向式运动,如图 9.17 所示;一旦上臂大致平行于地面,双手迅速推离地面并拍手,如图 9.18 所示;当手回到地板上时,让肘关节弯曲并返回起始位置,重复至所需的次数。

图 9.17　拍手俯卧撑 1

可以调整双手之间的距离来改变练习难度。

图 9.18 拍手俯卧撑 2

9．下沉俯卧撑

目的：培养上身爆发力。

动作要领：俯卧撑预备姿势，双手宽于肩膀各放于一组 10～15cm 的台阶上，如图 9.19 所示；双手推离台阶的同时向内移动，使它们约与肩同宽落于地面，躯干绷直，让手腕、肘关节和肩膀略微弯曲以吸收冲击，如图 9.20 所示；返回起始位置并重复至所需的次数。

图 9.19 下沉俯卧撑 1

10．药球后抛

目的：增强全身爆发力并强调踝关节、膝关节和髋关节的三重伸展。

第九章 爆发力、速度和灵敏性训练

图 9.20 下沉俯卧撑 2

动作要领：身体正直，双脚分开与肩同宽，双手于身前持握药球，快速下蹲至110°～120°，在双腿之间旋转药球，寻找最佳手感，并进行反向式运动，如图 9.21 所示；迅速发力垂直跳动，同时将药球向后上方抛出，如图 9.22 所示；双脚落地后膝关节弯曲，取回药球并重复练习至所需次数。

图 9.21 药球后抛 1

11. 药球前抛

目的：提高上身爆发力。

动作要领：身体正直，握住药球，两脚分开与肩同宽，同时面向墙壁，距离约 3m；保持手臂伸直并抬起药球，一只脚向前跨步，如图 9.23 所示；用双臂及腰腹将球向前抛出，如图 9.24 所示。重复另一只脚向前跨步完成上述动作至所需的次数。

图 9.22　药球后抛 2

图 9.23　药球前抛 1

图 9.24　药球前抛 2

12. 药球侧抛

目的：提高躯干旋转爆发力。

动作要领：身体正直，双脚分开与肩同宽，双手握住药球，放在胸部和肚脐的高度之间，并与侧对墙壁约 3m；身体快速向远离墙壁一侧旋转，并将球移至远处，如图 9.25 所示；保持手臂伸直的同时，快速向墙壁方向旋转躯干，并将球抛向墙壁，如图 9.26 所示；重复所需的次数，然后在换另一侧进行。

图 9.25　药球侧抛 1

图 9.26　药球侧抛 2

三、训练实施

在消防员的训练计划中进行爆发力训练之前，需要考虑相关训练因素。解决这些问题将有助于最大限度地提高训练效率及安全性，并确保消防员科学规范的开展训练。

1. 训练要素

在设计体能训练程序时，要考虑的四个关键变量是频率、强度、训练量和间歇时间。通过考虑这些因素，可以制定个性化的爆发力训练计划，以满足消防员的特定需求。

（1）**频率** 一般而言，爆发力训练的频率每周可进行三天，另外，除了上述快速伸缩复合训练之外，还可以选择在传统的抗阻训练中实施。最终的训练频率取决于所选动作的类型、强度及训练量，以及其他体能和技能训练等相关因素。例如，在给定相同训练量的情况下，如果消防员在进行爆发力训练时进行两天低强度训练，那么比进行为期两天的中、高强度训练更容易恢复。此外，如果上半身和下半身的爆发力训练交替进行，则一周内可进行四个训练（例如，周一和周四进行下半身爆发力训练，周二和周五进行上半身爆发力训练）。总体而言，爆发力训练的频率，应考虑同一块肌肉至少有 48h 的休息时间以保证其恢复。

（2）**强度** 如果采取传统抗阻训练提高爆发力，那么上半身练习采用 30%～60% 的 1RM 的强度，下半身练习采用 0～60% 的 1RM 的强度。如果采取快速伸缩复合训练来提高爆发力，那么其训练的强度取决于肌肉拉长-缩短周期的伸缩速度，与多个变量相关，例如重心的高度和位移、运动速度、体重、单腿和双腿的使用以及相对强度水平等，一般认为，无反向式练习方式的强度较低，反向式练习方式的强度中等，双接触式练习方式的强度较大。训练强度最终应基于消防员的当前力量水平、训练状态、经验、技术水平、生理状况、损伤状况以及具体需求和目标而定。

（3）**训练量** 爆发力训练的训练量以完成了多少次动作或距离来统计。举例说明，如果一名消防员进行 4 组、每组 5 次的深蹲练习来发展下肢爆发力，那么他的训练量为 20 次；如果一名消防员进行 5 组、每组 5 次的下沉俯卧撑练习来发展上半身爆发力，那么他的训练量为 25 次；如果一名消防员进行 100m 的跨步跳来发展下半身爆发力，那么他的训练量为 100m。对传统抗阻练习训练爆发力而言，建议的训练量为 3～6 组、每组重复 1～6 次；而快速伸缩复合练习训练爆发力，则应依据循序渐进原则逐步调整训练量。

（4）**间歇时间** 间歇时间就是训练组数之间的时间间隔，取决于训练目标、训练强度及训练量。强度较高的练习动作需要更长的休息时间才能在练习组之间充分恢复。爆发力训练的间歇时间可以参考抗阻训练。有一点需要注意，经常会有消防员不注重练习之间的间歇休息，认为正在进行的动作毫不费力，一次练习做了两次甚至更多的量，这种训练方法是禁忌的，因为有一点必须要满足，那就是一次练习之后的ATP-CP能量系统必须要充分恢复，否则，可能会加速疲劳，甚至增加受伤的风险。

2. 影响因素

爆发力训练的实施除了上述的训练要素之外，还受其他多方面因素的影响，包括消防员的肌力及技术要求、身体状况及训练环境。

（1）肌力和技术要求　爆发力的训练需要快速地做一些动作，会有潜在的受伤风险，因此要求消防员必须具有坚实的肌肉力量基础。对于高强度的下半身爆发力训练，由于落地时会承受巨大的离心力，建议消防员在进行这些训练之前，先进行自身体重或是一半体重的蹲举，有助于确保消防员具备控制身体所需的力量。此外，动作技术的正确与否和熟练程度也会影响训练的实施，例如刚刚提到的落地，良好的落地技术应该能有效地化解由于跳跃类练习而引起的高强度负荷，吸收冲击力并保持身体的稳定性，如果落地技术不正确，消防员将无法在起跳时有效缩短SSC以产生更强大的向心力量，并且更有可能因落地时姿势不正确而受到伤害。消防职业中的很多任务都要求消防员必须承受高强度的离心负荷，例如攀爬障碍落地或全套防护装备下车时，如果没有足够的离心力量，不能支撑自己的体重和防护装备，就很可能会受伤。由于这些原因，在进行爆发力训练之前，应该先学会正确的落地。

技术水平较低的消防员可以先从简单的或低强度的练习开始，逐步提高动作的准确度和熟练度，然后再进行更复杂的练习。

（2）身体状况　消防员的身体状况也会对爆发力训练产生影响。例如，体重大的消防员对肌肉骨骼系统的压力也相对较大，训练时会产生更大的离心负荷，对SSC提出了更高的要求，但是，只要消防员具有足够的力量来承受这些体重，就可能无需对训练计划进行重大调整，体重的增加本身就是一种强度的增加。伤病的问题也要注意，与下半身爆发力训练有关的伤病包括脚、踝关节、膝关节、髋关节和下背部，与上半身爆发力训练有关的伤病包括手指、手腕、肘关节和肩膀，尤其是在消防员有伤病史的情况下，所以最好在训练开始之前进行全面的身体评估，以确定身体是否可以安全地进行爆发力训练。此外，避免在身体疲劳的情况下开展爆发力训练，将爆发力练习安排在有氧或抗阻训练之前，同时还要避免将爆发力训练用于能量代谢训练，因为能量代谢的训练往往伴随着疲劳，而爆发力训练旨在提高爆发力。

（3）训练环境　首先要考虑的是训练时的着装，应穿着不受限制的运动服装，穿着制服或防护服会使动作受到阻碍，还会使身体重心发生变化，从而增加受伤风险。并不是说负重练习不可行，相反，对消防员来说，负重练习由于其职业贴合性已成为必训项目，只是在爆发力训练中不推荐负重。能提供良好脚部支撑的合适鞋类也必不可少，良好的支撑应该解释为鞋底能够完全容下脚底，鞋帮能够有效保护踝关节。因此，并不推荐慢跑鞋，这类鞋通常鞋底较窄且踝关节支撑不佳。还要注意训练环境应该是防滑、减震的地面，包括一些木地板、橡胶地板及草地。对于进行药球投掷时应使用的训练负荷，没有标准的建议，由于是爆发力训练，关注点应该在动作的速度以及动作的质量方面，因此，药球重量可以参考这两点选取。

第二节

速度训练

在执行最关键的任务时，速度是消防员必不可少的要素，其包括实现高运动速度所需的技术和能力。无论是避开塌方，还是在不平坦的地面上奔跑，抑或是从燃烧的建筑物中救出受害者，速度都是至关重要的。本节将讨论跑步姿势和基本技术以及各种提高速度的训练方法。速度常在跑步中得以展现，也是在跑步中加以衡量。

在跑步过程中，许多复杂的动作会在短时间内发生，神经系统以最合适的顺序将肌肉的动作联系起来的能力将决定身体快速行动并精确控制的能力。换句话说，如果所有其他身体能力都相等，那么速度素质的高低区别就是技术。技术对于表现很重要，对于预防伤害也很重要。不良的跑步技术可能会在小腿、股后肌群和腹股沟上施加过多的压力，并导致这些区域受伤。因此，速度的训练应该先是学会正确的跑步姿势与跑步技术。

一、跑步技巧

跑步的过程分为两个阶段：支撑和腾空。支撑阶段是一只脚与地面接触，腾空阶段是身体不受地面支撑。这两个阶段对速度的影响极大。

1. 支撑阶段

支撑阶段在前脚与地面接触时开始，而在脚断开接触时结束。前脚应略在身体重心之前落在地面上。过度跨步或将脚部放在身体重心的前面，会导致不必要的制动力，从而降低跑步者的速度并降低跑步效率。脚应由髋关节伸肌向下压，腘绳肌和臀肌应在髋关节伸展过程中完成大部分工作；股四头肌是原动力，并在地面接触时激活，以防止膝关节过度弯曲。踩踏时，应将踝关节背屈，大脚趾伸出以帮助最大限度地产生弹力。前脚的外侧应接触地面。当脚趾离开地面时，支撑阶段结束。

2. 腾空阶段

当前脚离开地面时，腾空阶段开始，一直持续到再次与地面接触。当跑步者进入腾空阶段并且脚离开地面时，应立即将踝关节背屈，并拉起大脚趾。当脚离开地面时，跑步者应弯曲膝关节，并尽快将脚跟抬起至臀部。这个动作使跑步者可以缩短力臂，使腿部更容易抬起靠近髋关节的旋转轴来更快地摆动腿部。屈膝和伸膝分别由腘绳肌和股四头肌执行。当脚跟到达臀部时，腿部应向前摆动。跑步者的目标应该是踝关节超过膝关节，尽可能保持较短的力臂，进而伸展膝关节并伸直膝关节。髋关节和膝关节的伸展是由于动量的传递，而不是主动的四头肌收缩。当腿部展开时，通过髋关节伸展使其落地，从而返回到支撑阶段。频繁的腿部摆动是导致腘绳肌损伤的原因。当腿向前摆动时，腘绳肌被激活以防止腿过度伸展（防止膝关节过度伸展）。有研究发现，腘绳肌在展开过程中施加的力随着速度的增加而增加。因此，优秀的腘绳肌力量是跑步者重点关注的素质，也是速度发挥的重要因素。

3. 额外技巧

跑步时，头部应与脊柱保持自然对齐。肩膀和躯干应保持稳定。应避免过度扭曲或旋转。身体的确切角度将取决于加速度，但是在最大速度下，它应该接近垂直方向。脸、颈、肩、臂和手的肌肉应放松。这些区域的紧张可能会减慢肢体速度并缩短关节活动范围。

在最大速度下跑步时的手臂动作至关重要。臂的摆动平衡了由腿产生的力并启动了腿的动作。弱而无效的摆臂动作可能会限制最大跑步速度。因此，跑步过程中手臂的动作对于获得和提高最大速度很重要。

肘关节的角度应在手臂在身体前面时的 $60°$ 到手臂在身体后面时的 $140°$ 的范围内。重点应该放在摆动手臂向后而不是向前。如果用足够的力向后推动手臂，由于肩膀的拉伸反射，手臂将被向前推动。一旦运动自动完成，跑步者就无需考虑将手臂向前推。遵循以下准则将有助于消防员实现正确的手臂动作。

第一，手臂摆动应在矢状面内完成。否则会导致身体旋转，并干扰最大速度。

第二，手臂向后正确摆动的标准是肘关节自行伸展至 140°。

第三，手应从脸部或肩膀的高度向臀部移动。

最后，在任务中消防员的个人防护装备、器材设备等体外负荷会对跑步技术引起变化。这些负重的约束会让消防员不能执行完美的跑步技术。因此，消防员要适应负重训练以及负重状态下的跑步技术。

二、速度训练动作

提高速度的最佳途径是跑步，将跑步分解成若干小单元，便于动作的掌握。

1. 坐姿摆臂练习

练习目的：体会正确的摆臂技巧。

动作要领：坐姿，将双腿向身体前方延伸，躯干挺直，肩膀向后；右肘应从大约 60°开始，并且手应靠近身体，手位于肩膀和眼睛之间；左臂应放置在身体后面，以使左手靠近左髋，并且肘关节应成大约 90°；向下摆动右臂，使右手在右臀部旁边结束，同时，向前摆动左臂，使左手最终在左肩和眼睛之间；在整个运动过程中保持肘关节 90°，重复至所需次数。如图 9.27 所示。

图 9.27　坐姿摆臂练习

2. 站姿摆臂练习

练习目的：体会站立时正确的摆臂技巧。

动作要领：站姿，膝关节微弯，肩膀向后并保持松弛；弯曲两个肘关节，右肘应从大约60°开始并靠近身体，手位于肩膀和眼睛之间，左臂应位于身体后面约140°的位置，左手靠近左臀部；向后积极地摆动右臂，使右手在右臀部旁边结束，同时，向前摆动左臂，使左手在左肩和眼睛之间结束；在整个运动过程中保持肘关节90°，重复至所需次数。如图9.28所示。

图9.28　站姿摆臂练习

3. 跑姿摆臂练习

练习目的：体会前进时正确的摆臂技巧。

动作要领：站姿，膝关节微弯，肩膀向后并保持松弛；弯曲两个肘关节，右肘应从大约60°开始并靠近身体，手位于肩膀和眼睛之间，左臂应位于身体后面约140°的位置，左手靠近左臀部；集中精力积极地向后摆动右臂，以使右手靠近右臀部，同时，向前摆动左臂，使左手在左肩和眼睛之间结束，带动右腿向前迈出，如图9.29所示；向前慢跑10~20m，在整个运动过程中保持肘关节90°，如图9.30所示；尝试使手臂摆动快于双脚移动。

4. 踝关节练习

踝关节训练可以指导消防员在跑步过程中如何将脚快速抬离地面，此练习强调踝关节的跖屈和背屈，尤其是背屈机制。如图9.31、图9.32所示。

图 9.29　跑姿摆臂练习 1

图 9.30　跑姿摆臂练习 2

图 9.31　跖屈

图 9.32 背屈

练习目的：体会踝关节背屈能力与正确的发力机制。

动作要领：站立姿势，保持双腿伸直，交替弯曲和伸展踝关节，以非常短的步伐向前移动；在腿保持笔直的同时，每一步都强调脚掌与地面的短暂爆发性接触；每条腿向前移动时，踝关节应保持背屈；行进至目标距离。如图 9.33 所示。

图 9.33 踝关节练习

5. 走路抬膝练习

练习目的：体会在身体两侧交替抬膝。

动作要领：站立姿势，右踝关节弯曲，右腿高抬向前行进；当右脚落在地面上时，左腿高抬向前行进；手臂的移动速度应与腿部相同，并且在两次交替之间尽量避免手臂动作停顿；行进至目标距离。如图 9.34 所示。此练习还可采取跳跃形式。

图 9.34　走路抬膝练习

6. 踢臀练习

练习目的：加强踝关节背屈并体会小腿尽量向后折叠至臀部。

动作要领：站立姿势，将右脚抬离地面，使其离开地面时使其脚背背屈；立即将右脚的脚跟放到臀部，稍微弯曲右臀部，使膝关节不会直指地面；脚后跟应与臀部垂直对齐；手臂应以与腿相同的速率运动，在两次交替之间应尽量少或不停顿手臂动作；当右脚落在地面上时，在左侧重复进行此练习，继续交替行进 10～20m。如图 9.35 所示。请注意，这是技术练习，而不是速度练习。

图 9.35　踢臀练习

7. 站姿起跑

练习目的：体会起跑的加速度和手臂动作。

动作要领：无动力脚在起点线后两英尺处，动力脚在起跑线后三英尺处，脚的间距小于肩宽，踝关节、膝关节和臀部略微弯曲，头部和脊椎应保持中立，重心放于前脚掌，如图 9.36 所示；向前倾斜开始加速，然后前脚蹬地，后脚向前迈出，同时后脚对侧手臂向前摆动；全速跑至目标距离。

图 9.36　站姿起跑

8. 俯卧撑起跑

练习目的：加速前站起来，使起始运动更加困难，例如搜索行动和低姿行进。

动作要领：在起跑线后面呈俯卧撑姿势，如图 9.37 所示；根据指令迅速站起来并向前冲刺，全速跑至目标距离，如图 9.38 所示。

图 9.37　俯卧撑起跑 1

图 9.38 俯卧撑起跑 2

9. 背向起跑

练习目的：加速之前改变方向，使起跑更加困难。

动作要领：背向前进方向，如图 9.39 所示；根据指令，转身并向前冲刺，全速跑至目标距离，如图 9.40 所示。

图 9.39 背向起跑 1

三、训练实施

速度训练同样需要考虑一些影响要素，基本影响因素参照爆发力训练。

图 9.40 背向起跑 2

1. 动作要素

速度训练的要素是步幅、步频和制动,因此,速度训练的目标是优化步幅长度,最大化步幅频率并最小化制动力。

① 最小化地面接触的制动力,这是通过将脚稍稍放在重心前面并最大限度地增加腿部和脚部地面接触的速度来实现的。

② 强调短暂的地面支撑时间,以实现快速步频,进而增加步幅。

③ 强调股四头肌的离心力量,因为它们在跑步时会同时在髋关节和膝关节处执行离心和向心收缩,膝关节弯曲会承受极大的压力并容易受伤。因此,尤其对消防员来讲,对股四头肌使膝关节弯曲的离心力量要求很高。

2. 训练要素

通常,速度训练应至少每周进行两次,但是,具体训练量是根据消防员的训练目标以及他们在两次训练之间的恢复能力而定的。多数消防员都会从更短、更频繁的速度训练中受益。例如,5～10 个冲刺可以保持或改善速度能力。此外,对于强调最大速度的练习,持续时间不应超过 10s,以便 ATP-CP 能量系统的恢复。这就需要在每个冲刺之间有更长的休息时间(例如,1∶20～1∶10 的训练休息比)。如果计划在其他体能素质训练的同一天进行速度训练,那么在神经系统疲劳程度较低的情况下,最好先进行速度训练。如果速度耐力是目标,则可能需要大于 10s 或更长的冲刺,在这种情况下,最好是在传统的抗阻训练之后或在单独的一天进行这些冲刺训练,以最大限度地减少这些类型的训练方式对彼此的干扰作用。进行最大或接近最大速度的训练时，每次训练的总训练量不应超过 600m。

3. 职业要素

消防员的速度训练需要结合任务行动中的负载、强度、操作器材和环境状况。救援任务会在多种条件下进行，伴随着各种器材的操作和负载要求。重点在于在野外条件下进行训练，同时使用所需的衣服、设备和装备。这些环境条件，例如温度、湿度、一天中的时间、海拔、地面（例如沙子、泥、雪、水）和地形，均与职业任务息息相关。在速度训练中，消防员应模拟这些情境以达到最佳训练适应性。具体的模拟情况应根据消防员的技术熟练程度和训练需求来确定。

对所有消防员来讲，都应进行一定程度的速度训练，但训练的频率应基于个人的职业需求，并不是所有的任务都需要速度能力。例如，消防员经常执行类似爬楼梯的任务，这些任务对身体有很高的要求，需要保持高功率输出；消防员必须穿越不平坦的地面以及光滑的表面等复杂地形，过快的速度可能会使消防员面临危险。但是，这并不意味着它不重要，相反，在一些紧急撤离的场景下，速度是消防员最关键的体能素质。并且，速度训练所带来的能量代谢的适应，可以使消防员在一定程度上提高有氧工作能力。

第三节

灵敏性训练

灵敏性素质是指快速改变身体方向和速度的能力。在任务中，消防员要应对各种情况，对身体的灵敏性要求很高。灵敏是感知运动能力和身体素质的相互作用，或者是"响应刺激改变方向、速度或模式所需的技能和能力"。一直以来，灵敏性和方向改变练习之间几乎没有差异。但是，目前的研究表明，灵敏不仅是改变方向的能力，而且还是响应刺激（即听觉、运动觉或视觉提示）而改变方向的能力。一般性的灵敏性训练通常使用预定的运动模式来提高灵敏性，这些训练是经过预先计划的。但是，消防员实施灵敏性训练计划时，应考虑特定的任务环境，需要对外界环境以及同伴的动作做出反应。因此，消防员在实施方向变化速度练习时，应针对具体情况的，设计一些需要对刺激和决策要求（感知-认知能力）做出反应的练习，以实现最佳的灵敏性表现。灵敏性训练需要注重以下能力的提升，如表9.1所示。

表9.1 灵敏指标

指标	能　　力
动态灵活性	满足移动时身体对关节活动度的要求，足够的动态柔韧性可使消防员将身体置于最佳位置以快速移动
多肢协调	同时协调多肢运动的能力
功率	做功的时间率，做功是施加在物体上的力与物体在施加力的方向上移动的距离的乘积
动态平衡	在移动时保持身体整体平衡的能力
加速度	单位时间的速度变化
停止能力	制动或减速的能力
力量	施加力量的能力

一、灵敏性训练类型

灵敏性训练可以采取多种形式，也可以借助多样的器材辅助练习，例如锥形桶、方凳和绳梯等。选择训练类型时，可以按照既定的练习形式开展，即固定模式练习，例如在规定好的场地进行折返跑练习；也可以设置随机的练习形式开展，即开放模式练习，例如在练习中通过听觉、视觉获取指令迅速做出意识上的反应和身体上的动作。当然，还可以两种练习模式相互结合进行训练。

本节介绍了各种灵敏性训练的动作。尽管这些练习动作可能会有所不同，但是要有效执行每个练习，必须具备一些基本的运动技能。大多数灵敏性训练可分为基础性技巧动作和连贯性变向动作，以及两个或多个基础动作的组合。基础动作是具有清晰的开始和结束的活动或动作。可以将几种基础的模式组合起来以创建连贯性的灵敏性练习。在进行本节介绍的灵敏性练习模式之前，应该掌握这些基础动作，有助于练习更复杂的灵敏动作。

二、灵敏性训练动作

灵敏性训练分为基础技巧练习和变向模式练习，基础技巧包括加速、减速、后退、绕向、滑步、跨步和交叉步，练习模式则可根据现实情况设置，主要是一些变向练习。这里只介绍一些典型的练习模式。在练习之前要进行热身。

1. 转髋练习

练习目的：发展平衡性、髋关节灵活性、脚步和侧向速度。

动作要领：身体成开立姿势，右脚跨过左腿迈步，左脚从右腿后移到左侧，右脚再移到左腿后侧迈步。如图 9.41 所示。

图 9.41 转髋练习

2. 双腿侧跳

练习目的：发展爆发力和侧向变向能力。

动作要领：在标志区一侧站立，屈膝摆臂跳向标志区另一侧，落地后快速跳回起始侧，继续练习至目标次数，跳过再跳回算一次。如图 9.42 所示。此练习可加大难度，采取单腿跳跃。

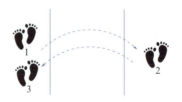

图 9.42 双腿侧跳

3. 折返跑

练习目的：发展加速、停止能力和身体控制。

动作要领：站立起跑姿势，向前跑 5m，重心降低，一只手触摸地面，转体 180°继续冲刺 10m，用另一只手触摸地面，继续转体 180°冲刺 15m 到达终点。如图 9.43 所示。最初加速 5m 时，请用力抬高膝关节，以 100% 的努力加速，并优化身体前倾，通过快速降低重心来最小化制动距离。

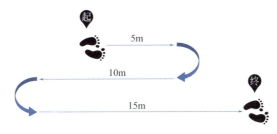

图 9.43　折返跑

4. 8 字跑

练习目的：发展横向加速度、横向停止能力和身体控制。

动作要领：将两个圆锥体分开放置 6～12m，并以八字形围绕圆锥形快速移动。如图 9.44 所示。穿过圆锥体时降低重心，请勿使脚交叉，在转弯时内侧肩膀下沉，适当提高转弯时的速度，变向时尽快移动脚。

图 9.44　8 字跑

5. W 形跑

练习目的：发展加速和停止能力。

动作要领：以 W 形状将 5 个锥体间隔 5～10m 放置，在图 9.45 的场地中前进和后退。改变方向时内侧肩膀下沉同时降低重心。进行练习时，避免交叉步，转换方向时，注意内侧脚的减速制动和外侧脚的迅速蹬地。

图 9.45　W 形跑

6．T 形跑

练习目的：发展加速、减速能力和身体控制。

动作要领：将圆锥体设置为 T 形，向前冲 10m，用右手触摸中心锥，然后向左快速横向移动 5m，用左手触摸圆锥，再向右快速横向移动 10m，用右手触摸圆锥，移动至中心圆锥处并用左手触摸圆锥，然后退到起始圆锥。如图 9.46 所示。

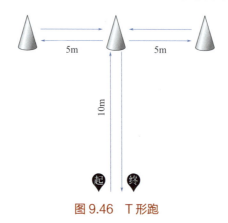

图 9.46　T 形跑

三、训练实施

1．训练要素

与大多数类型的力量训练和条件训练一样，灵敏训练的方案设计应考虑训练频率、训练强度、训练量和休息时间。消防员需要根据训练状态来调整变量。

（1）**训练频率**　灵敏训练计划的训练频率可以是每周 1～6 次，并与其他体能科目的训练相融合。出于实用性考虑，不建议安排专门的一天来训练，可以每周进行 2～3 天的灵敏训练，并且采取短时而多次的练习穿插于其他训练过程中。这种训练方式可让消防员专注于动作技术，同时最大限度地减少疲劳感。例如，在动态热身环节的一部分进行相对较短的灵敏性练习对提高运动质量和灵敏性技术都非常有效。

（2）**训练强度** 灵敏性训练的强度一般按照练习动作的速度来衡量。建议灵敏训练计划的制定应从低强度、大训练量开始。初学者可能无法忍受相对较高的灵敏训练量，可以采取慢速练习，并优先进行基本动作练习和简单的变向模式练习。

（3）**训练量** 训练量是在给定的训练时间段内完成的工作量，即重复次数×组数。灵敏性训练量代表着训练目标，应将其纳入总体训练计划和方法中。

（4）**休息时间** 休息时间是指组间恢复时间。为了尽量减少疲劳，获得最佳的灵敏性训练效果，应保证在每项重复练习之间有足够的休息间隔。例如，建议对 ATP-CP 供能系统依赖的较高强度灵敏动作的训练休息比在 1∶20～1∶12 之间，而依赖糖酵解途径供能的动作可能要求训练休息比接近 1∶5～1∶3。

2. 职业要素

爆发力训练、速度训练和灵敏训练是体能训练的必训内容，消防工作对这三项素质的需求也非常大。灵敏性是消防员顺利完成任务的重要能力，在设计消防员灵敏性训练方案时，应加入一些听觉、视觉、触觉反应练习，模仿救援环境中的突发情况给予信号，结合本节介绍的灵敏性练习模式灵活开展。这些训练方法可以使消防员更好地为执行多变、不稳定和苛刻的任务做好准备。消防员需要了解如何在一个综合体能训练计划中融入这些训练方法，并自觉在训练阶段监视和调整训练变量，以优化训练并达到预期效果。

小结

> 消防员的爆发力、速度、灵敏性素质对其执行任务相当关键，多数任务场景对这些能力的要求很高，了解这些素质的基本知识并掌握其训练方法，对消防员体能训练至关重要，本章对消防员的爆发力、速度、灵敏性素质进行了阐述，并重点介绍了这些能力素质的练习手段，对消防员提高这些能力提供概念上的认知和训练上的准备。消防员对爆发力、速度和灵敏性训练的基本机制和科学原理的理解越深，训练效果的提升就越大。

第十章
消防员负重训练

各类救援任务都需要消防员在保证自身安全的情况下展开行动，而且经常要使用相关器材装备实施作业，保证自身安全需要穿戴个人防护装备，实施救援任务需要携带各类抢险救援器材，例如，身着防护服并佩戴空气呼吸器进行灭火行动、搬运物体、破拆作业、救助伤员等，这些要求导致消防员执行任务必然是处于身体负重的情况下，有时这种负重会多达自身体重的80%或以上。与轻装工作相比，消防员在严酷的环境中会进一步加剧工作压力，进行身体运动时会对体能提出更大的要求，因此，在消防员的体能训练中，应该安排负重训练，并且必须要重点考虑身体负重带来的影响，例如负重状态对进行直线、多方向并绕过障碍物移动所需的爆发力、速度和灵敏性的影响；负重状态对进行长时间长距离行进所需的有氧耐力的影响；负重状态对快速做出反应的神经肌肉控制能力的影响等。

同时也要注意负重训练会加快身体产生疲劳，增加运动损伤的风险。为避免由于受伤而导致无法继续进行训练和执行任务产生的负面影响，需要了解消防员身体负重状态下活动的生理和生物力学效应，进行严格的体能评估，并适当调整体能训练计划。本章将为消防员进行负重训练提供针对体能训练计划的制订建议，旨在消防员开展负重训练时作为参考。

第一节
消防任务与负重

一、负重由来

提到负重，人们都会想起一句话："哪有什么岁月静好，不过是有人替你负重前行。"这句话也成了消防员的真实写照。《现代汉语词典》对负重的解释是肩负重荷，古往今来，无论是工作所需，还是日常生活，各行各业、各类人群都会存在负重状态下进行身体活动的现象，尤其是军队、警察、消防相关部门，负重已成为常态。现代战争要求军人在军事战斗过程中身负单兵作战系统；社会安全要求警务人员在维稳处突过程中佩戴相关制服装备；抢险救援要求消防人员在救助行动中携带防护救助器材。这类人群的负重载荷越来越重，虽然随着社会的进步，人类健康水平的提高，消防员的体质健康有所提升，但是由于各类灾害场景的复杂性和任务的不确定性，以及技术装备的革新、对通信设备的要求等因素，导致消防员对防护装备及救援设备的负重也在呈直线式的增加。

消防员负重工作的特点已经毋庸置疑，为了增进消防员身体健康，一些科研机构和相关器材装备的生产厂家围绕优化装备材料、结构及人体工学开展了大量科学性的研究，以使消防员负重状态最佳化。在人体工学领域，研究人员致力于使工具的使用方式尽量适合人体的自然形态，这样就可以让使用工具的人在工作时，身体和精神不需要任何主动适应，从而尽量减少使用工具造成的疲劳，例如空气呼吸器背托的形状设计，再比如鼠标的造型设计，而要研究这个问题，首先需要研究人体腰背及手部的自然结构。消防员的负重训练道理相同，在负重状态下进行身体活动，那就先要了解人体的解剖结构、生理、力学等运动学基础，负重训练也必须要满足这些基本要求。

国内外消防机构对降低消防员负重带来的不利影响并提高身体的灵活性有一些指导意见，其中很重要的一项就是通过优化负重训练来提高消防员的身体适应性，以增进消防员健康、提高工作能力。负重状态的相关研究也一直是科研的热点领域，在 Dean 的一项研究中，统计并分析了不同岗位士兵的实际负重载荷，例如，一名步兵队长的平均负重、一般任务负重和紧急任务负重分别为 28.3kg、43.1kg 和 58.2kg，这些数据对后续的研究起到重要的支撑作用。

二、消防任务分析

消防员在负重状态下的体能表现需要经过相关的需求分析确定，评估的方法在第四章已经进行了说明，包括基本体能测试评估和职业能力适应测试评估，测试过程会对消防员的健康情况、基本素质及职业场景下完成任务的情况进行评估。负重状态的评估不只是记录测试消防员的测试成绩，更重要的是在对相关体能科目的测试过程中关注负重对其产生的身体姿势、生理指标、动作质量等方面的分析，例如在负重蹬梯过程中身体是否过度后仰、拖拉过程中心率是否提升过快、抗阻练习中动作是否发生变形等。通过对消防员负重状态下身体形态、动作频率、训练强度、环境条件及负荷重量的监控评估对后续进行负重训练计划提供参考。

1. 负重任务及动作需求

负重需求随职业和具体工作不同而变化。在对消防员负重状态下的身体能力及工作适应性进行测试评估时，这些测试一定要有模拟实际工作场景的科目，包括负重前进、负重蹬梯或登楼、负重绕过障碍物、负重紧急进入或撤离、负重背负伤员等。这些具体任务要求消防员在佩戴防护装备和携带救援设备时能够有效移动。需要说明一点，由于任务的分工及岗位不同，还有初期到场力量和增援力量的区别，导致消防员所负重的频率和重量也会有所不同，一线战斗员的负重可能会比后勤保障人员大，初期到场力量的负重持续时间会比增援力量长，但是，无论如何，所有的消防人员都应做好穿着防护装备、携带救援器材、进入一线执行任务的必要准备。

消防员必须提升负重状态下的身体能力以安全、顺利地完成各种灭火及抢险救援任务。灭火行动中经常会涉及拖拉充水水带进攻或设置水枪阵地等中等强度到高强度的任务，这项工作一定是在穿着灭火防护服、佩戴空气呼吸器的情况下重复动作并持续很长时间。因此，必须练习并适应负重状态下进行活动的一些基本动作，包括水平面、矢状面、额状面内的屈伸、收展、旋转的基本动作以及身体前侧动作链、后侧动作链和转动链的动作模式，同时还要熟练掌握相关任务的操作技能。Park 等进行了一项研究，选取 24 名男性消防员来研究空气呼吸器大小和重量对步态的影响，消防员佩戴不同体积和重量的空气呼吸器完成无障碍、10m 障碍和 30m 障碍三种条件的正常和高速行走。研究发现，空气呼吸器的重量、障碍物的高度和行走速度会严重影响消防员的步态稳定性，佩戴较重的空气呼吸器会导致 42% 的消防员接触到较高的障碍物，在越过障碍的过程中前后脚水平方向的作用力更大，从而增加了他们绊倒或滑倒的风险。因此，消防员个人防护装备的重量应作为负重训练时风险评估的一部分，以避免或减轻受伤的可能性。

2. 负重对行动的影响

消防员在灾害现场的移动能力是灭火及抢险救援任务成功的关键所在。与时间赛跑、快速部署是消防工作的一大特点，这就要求消防员在任务行动中快速移动，而且还要克服由沉重负荷所带来的挑战，这种职业特性可能会增加消防员的疲劳度，降低机动性并影响任务的成败。例如，消防员穿着的防护服会对身体力学结构产生负面影响，是否穿着防护服对消防员移动时的步态、跳跃时的落地稳定性有着明显的差异。研究发现，防护服会降低姿势稳定性，并有可能增加下肢受伤的风险。此外，在能见度有限的环境中执行任务时，消防员身体移动会过多地依赖本体感觉，穿着个人防护装备会对本体感觉产生不利影响，滑倒、绊倒和跌落的概率增加。因此，建议将防护服训练纳入训练计划中，以改善动态姿势稳定性和减轻伤害。

身体移动能力涉及直线移动、变向移动和跨越障碍，无论哪一方面，负重都会对其产生负面影响。随着负荷的增加，身体移动的时间必然会随之延长，尤其在跨越障碍时，移动速度会明显降低，甚至无法完成跨越。综上所述，必须在平时训练中对负重训练引起重视，提高负重的适应性，将负重训练作为消防员体能训练计划中不可缺少的环节，在负重时优化体能训练的有效性，并且在实施负重训练时要对其进行必要的管理和监控。

三、负重对运动系统的影响

人体运动系统包括骨骼、关节、肌肉及结缔组织，负重会对这些组织的功能产生影响。诸多的文献报道和流行病学研究都没有将负重作为伤害的危险因素。实际上，医疗单位很重要的一项工作就是要了解各类任务状态下与负重工作相关的典型不适和伤害，并借此来做好预防措施、识别身体的不适、进行相关的治疗。

研究表明，上肢在进行负重运动时容易受到短期伤害，包括软组织损伤、神经损伤和血液供应受限，人体各个部位对长时间负重行进的适应性有所不同，相对而言，负重对髋关节的影响较低，而对脚部的影响较大，换言之，髋关节区域的舒适度明显高于其他任何区域，而脚部的舒适度却低于其他区域。说明脚部在负重过程中是一个值得关注的部位，脚痛是消防员运动损伤中常见的伤害，也是影响消防员身体健康的重要原因。

肩关节的一些不良反应也与负重有关。肩膀不适有可能是由负重而引起，随着负重时间的延续，肩关节的疼痛程度逐渐加大。基于人体不同部位对负重而引起的不适或疼痛的主观感知以及皮肤压力的相关研究表明，肩关节组织对机械负荷的承受力是限制肩关节活动的主要因素。通过与其他负重部位进行比较评估发现，肩关节的承受力更大，而且随着负重的持续，肩关节组织更容易受到皮肤和皮下软组织的损害。此外，负重程度的加深还会引起肩关节、手臂和手部的血液供应减少，对神经造成损害，导致手部感觉丧失或无法完全架起手臂。有研究利用核磁共振影像来量化负重过程中肩膀内部软组织的变形情况，发现在静态条件下肩关节承受 25kg 的负荷可能会对臂丛神经造成伤害，导致手臂和手部功能下降。

第二节
负重的生理学需求

不论消防员工作岗位如何，执行各类任务都需要身着防护装备、手拿救援器材，严峻和危险的环境本身就增加了任务执行的难度，再加上这些负重将进一步加剧体能的消耗，与在轻装条件下执行相同任务相比，需要更强的心肺功能和更多的能量才能克服负重所带来的额外重量。这就要求消防员具备良好的有氧及无氧能力，并且要有高效的 ATP-CP 系统、糖酵解和有氧氧化能量代谢能力，以此来提升消防员负重状态下的运动表现。负重状态下，消防员的心肺耐力和能量系统受工作强度和持续时间等因素的影响更大，了解这些生理需求将有助于消防员开展有效的体能训练，完成特定的职业任务。

一、负重与有氧能力

众所周知，负重会对人体生理、代谢、动作及其他体能要素产生重大影响，很多的研究也证明了这一点。Quesada 等人研究表明，在负重模拟行进中，无负重、30% 体重的负重、50% 体重的负重对受试者心率（HR）和摄氧量（V_{O_2}）的变化趋势呈线性增加，这表明随着负荷的增加，生理压力也越来越大。Beekley 等人进行了同样的研究，他们让受试者以 6km/h 的速度在平地上行进 30min，比较他们在 30%、50%、70% 瘦体重（LBM）的负重状态下心率、摄氧量、呼吸商、肺通气量和运动自觉量表（RPE）的变化趋势，研究发现心率、摄氧量和肺通气量会随着负重的增加而增加，如图 10.1 所示，负重增加时耗氧量也随之提高，其他数据也有相同的趋势。总体而言，这些研究表明，人体在负重状态下的训练或工作会增加生理需求，并且会降低运动表现。

二、负重与能量消耗

消防员在执行任务过程中经常会搬运重物，例如清除障碍、携带器材等。随着负重程度的增加，再有自身体重、运动速度、地形坡度等因素，消防员的能量消耗也逐渐增加，能量的消耗会通过人体的各种体征表现出来，例如汗液的增加、心率的加快、步态的迟缓等,而负重会加快这些体质的出现,尤其是步态的变化,轻装情况下人体活动是基于其正常的身体力学结构,而在负重状态下,人体在活动时的阻力矩将增加,从而导致相同的动作对于轻装而言要付出更大的努力,也就促使了能量的快速消耗。在运动生理生化指标的监控研究中,有一种肌电图(EMG)电诊断技术,利用肌电图可以评估和记录骨骼肌在各种情况下的电活动,很好的诠释肌肉做功时能量的消耗。

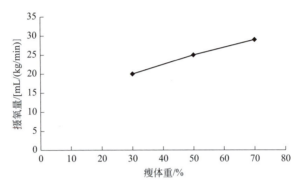

图 10.1　负重与耗氧量关系

实际上,能量代谢最直观的指标是热量消耗,可以让训练人员清楚认知自身的能量代谢水平,要了解负重对能量消耗的影响,最好是在室内跑步机上进行,在跑步机剧烈运动期间,能量消耗会随着体重、负荷重量、速度和坡度的增加而呈正相关趋势。一项研究针对在跑步机上进行负重 1kg 和轻装情况下行走的能量消耗,结果显示负重情况下的能量消耗比轻装情况下增加约三倍(负重情况下是 126kcal/h,轻装情况下是 42kcal/h)。因此,消防员穿着防护服必然会增加体力的消耗,并在持续运动过程中降低任务表现、损害身体健康。

一直以来,负重对能量代谢的影响始终是科学研究的热点问题。而且相关研究结论普遍认为,人体能量消耗随所受负重的增加呈线性增长,在负重达到 70% 瘦体重时趋势显著。还有研究表明,1kg 负重的能量消耗相当于 30kg 体重的能量消耗。

可见,作为负重职业极具代表性的消防人员,必然也是诸多负重研究结论的针对人群,负荷重量与能量消耗的正相关同样适用于消防员,当负重量增加时,消防员执行任务的效率就会大大降低。因此,增进能量系统的代谢效率,提高负重的适应性,正是消防员开展负重训练的目的所在。

三、负重与常见损伤

前文对负重会影响运动系统进行了阐述，在负重状态下活动，人体各个器官组织受伤的概率会增加。消防员最常见的负重状态是穿着防护服、携带器材负重行进，行进要靠双腿，所以大多与负重相关的运动损伤都发生在下肢。可想而知，身穿防护服、手拿器材长时间的奔跑于环境复杂、地形未知的救援现场，几十公斤的负重对消防员带来的压力是不可小觑的。尽管消防员在平时的训练中心肺耐力、力量等身体素质都会增加，各项生理指标的适应性也都会有所提升，但是负重引起的身体力学结构变化不会改变，最突出的表现是身体重心和关节的负重影响，当消防员负重作业时，身体的额外重量会导致重心偏移，为了保持身体平衡，消防员的身体姿势就会发生不同于正常体位的轻微变化，有时这种变化不易察觉，但是其对消防员进行各种动作会带来不利影响，关节所承受的压力会增大，动作的阻力会增加，即使向前迈出一步的距离，也会带来多于平时的能量消耗，这种跬步至千里的效应，再加上可能导致的代偿动作，对消防员膝关节和踝关节的健康造成一定的威胁，进而面临损伤的风险。这种损伤会因消防员负重的位置和方式以及动作模式和个体差异而有所不同。

由于负重而导致的身体损伤比比皆是，尤其在军事战斗中屡见不鲜，过多的军事装备对士兵的身体考验极大，能否在负重状态下完成各种作业，有可能会决定战斗任务的成败。例如在第二次世界大战期间，盟军的诺曼底登陆作战行动中，士兵在奥马哈海滩上发动袭击时因负重而溺水；在1983年10月美军入侵格林纳达（紧急愤怒行动）期间，士兵们背负高达54kg的装备而造成极度疲劳，以至于9m的突击行动之后需要进行10～15min的恢复，才能进行下一次突击。在消防任务中，这样的例子同样举不胜举，由负重带来的行动迟缓、救援时间的延长不在少数。种种迹象表明，负重对消防员身体的伤害影响颇深，对救援任务的成败关系很大，还有一点，现阶段消防员的个人装备配备无论在数量上还是重量上都呈现上升的趋势，值得所有人深思。

1. 脚部损伤

负重状态下最常见的损伤是脚部水泡，由于身体压力增大，脚、袜子和鞋底之间的摩擦引起脚底皮肤出现水泡。如果不适当治疗，水泡会限制消防员快速移动，影响其执行任务，并且可能发展为更严重的问题，例如，蜂窝性组织炎或败血症。循序渐进的训练会使脚底皮肤逐步适应负重压力带来的不适，从而减少起泡的可能性。

2. 骨折

应力性骨折也是负重作业常见的损伤，它是由骨组织的反复超负荷引起的。应力性骨折在入职消防员中很常见，当然也会发生在训练有素的消防员身上。国外军事部门有报告显示，在483km的行军过程中，一个军事单位报告了60例应力性骨折案例。应力性骨折最常见的区域是下肢骨，多数应力性骨折是在不断地超负荷刺激下，造成骨骼压力过大产生疲劳，致使骨骼的重塑平衡被破坏而发生。

3. 膝关节疼痛

膝关节疼痛是另一种常见的伤害，与负重状态下长时间、长距离行进有关。有研究表明负重状态下，膝关节疼痛的发生率为15%，远远超出正常。造成膝关节疼痛以及相关各种疾病的原因有很多，因此难以诊断是否为负重所致，但是不可否认，身体负重强度增加或持续时间延长极有可能会导致诸如髌骨综合征、髌腱炎、滑囊炎和韧带拉伤等疾病。

4. 下背部损伤

空气呼吸器是消防员的必配装备，在背负过程中，消防员的下背部可能会受到程度不一的损伤，这种损伤往往是长时间背部负重造成的，而消防任务恰恰是时间长、强度大的工作。与膝关节相似，下背部损伤也很难确定是否负重引起，因为该部位的疼痛可能是由于各种结构性病变造成的创伤所致，例如椎间盘突出、椎管狭窄、神经根损伤和辅助肌肉组织的韧带拉伤等。同样肯定的是，由于经常性的背负空气呼吸器而导致背部结构的变化和肌肉的疲劳毫无疑问是背部受伤的危险因素。还有一种与负重有关的背部伤害是神经性麻痹，空气呼吸器的背带会对人体颈部造成不小的压力，久而久之，可能会引起上臂神经根受到牵引伤害，症状包括麻木、麻痹、痉挛，以及上肢肌肉的轻微疼痛。

上述常见的损伤与消防员负重有直接的关系，如果发生类似损伤，影响的不只是任务的成败，更重要的是消防员的身体健康。因此，在负重训练中，要密切关注身体的各项指标，包括形体姿态、生理指标、动作模式，同时也不要疏忽心理状态的监控，做到早发现、早预防，以使训练更加科学化、有效化。

第三节
负重训练计划

负重训练是消防员体能训练中不可或缺的组成部分,那么,如何制订负重训练计划,使消防员能够针对自身体能状况,设计运动处方,有效开展训练就显得尤为重要。负重训练的目的就是要增进消防员在负重状态下身体各项能力,包括生理指标的适应性和运动能力的机动性等,有效的负重训练计划可以使消防员在训练中准确评估身体对负重时的需求。普遍认为,以抗阻训练和有氧耐力相结合的训练方式来增进负重状态下的运动表现,是消防员负重训练的有效方式,但是要注意,这并不是说在负重状态下进行抗阻训练,而是在有氧耐力训练中融入一定次数的负重训练,并且要结合抗阻练习。

一、了解负重重量

进行任何项目的体能训练,最重要的是认清自身的基本体能状况,负重训练也一样,在制订训练计划之前,需要对消防员的基本行动能力和生理指标进行准确评估,做到有的放矢、逐步提升,避免盲目负重造成损伤。可以确定的是消防员负重行进的常态化,在绝大多数任务中,都需要消防员与装备一起前进,而且通常是在崎岖不平的地形上移动,身体负荷的重量是消防员了解自身负重适应性的关键因素,也就是说究竟可以背负多重的荷载进行训练,负重量太大会伤害身体,太小会没有效果。为了选择最合适的负重重量,通常需要消防员背负一定的重量进行有氧耐力项目练习,最好是一些与职业任务相关的项目,以确定这种负重重量下身体各项指标的适应性。

显而易见,轻装状态下进行体能训练与负重相比,最直接的区别就是重量的增加,各个项目都会由于这些增加的重量而对体能的需求加大,尤其在有氧耐力训练中。因此,在测试评估阶段,重量就可当作负重对各项体能素质的敏感性指标,那么与之相对应的身体体重和身体成分就可成为负重重量选取的重要标准。摄氧量水平会影响其负重状态下行动作业的能力,随着负重程度的增加,消防员的各项身体能力将会下降,较高的瘦体重与最大摄氧量($V_{O_2\max}$)密切相关,是有效开展负重训练的预测指标,与之相反,人体的脂肪含量会对消防员负重训练带来不利的影响，有研究将瘦体重与脂肪加负重的比值来作为身体负重 40kg 时的代谢需求标准。这表明人体的瘦体重可以用来衡量负重状态下的运动表现，瘦体重含量越高的人，其可承受的负重重量也越高。或者直接通过身体体重来作为确定负重重量的参考，将自身体重的 40% 作为最佳负重重量，超过这一重量，身体很快就会疲劳。

除了瘦体重之外，评估消防员负重能力的另一有效方法是进行负重模拟行进，但是这一方法需要关注的内容较多，而且专业性较强，例如人体在行进中的姿势、重心的偏移、动作的角度等，因此衍生出了许多替代测试，可以针对某些特定的指标进行监控评估，实施过程相对方便。代表性的方法有人体测量（去脂体重、体脂百分比、身体质量指数等）、肌力与肌耐力（蹲举、卧推、引体向上、俯卧撑、爆发性跳跃等）、有氧耐力（3km 跑等），以这些项目的测试成绩来预测身体负重状态下的适应能力。

无论采取何种方法，关键的一点就是要将负重重量放在身体重心附近，以降低体能消耗，因此，多数消防员的负重都在身体背后。总之，除了对负重重量重点关注之外，对消防员自身体能的基本状况也必须要求充分的了解，在这一基础上才能制订出科学规范、安全有效的负重训练计划。

二、符合职业需求

各项运动都会由于负重而发生变化，各个职业、各类人群也都会有不同的负重需求，因此，进行负重训练最重要的原则是专门性原则。专门性体现在两个方面，一是职业任务的区别性，二是不同人员的差异性。因此，在消防员人群中，负重训练计划必须包括与其职业任务相关且又因人而异的训练内容。专门性原则旨在提高消防员的负重体能，以使其更好地开展训练和顺利地完成任务。

专门性原则也对负重训练的时间提出了要求，Patterson 等人做过一项研究，证实了这一观点，在为期 12 周的训练过程中，研究人员以军人为研究对象，实施包含有负重的体能训练计划来分析其对体能的影响，这些项目包括巡逻、对抗、奔跑和负重，结果显示，受试者的力量和有氧耐力提升，但负重时的运动表现没有显著的变化，这一结果是由于在训练计划中负重训练只安排在了第三周和第五周。由此可见，这样的时间安排不足以对身体负重的适应性产生变化。建议负重训练的安排应该至少每周进行一次，而且应融入职业任务，与技能类项目相结合，强度要循序渐进，才能使消防员身体各项指标逐步适应负重带来的变化。

负重训练计划的实施，对训练内容、强度、频率、训练量等要求很高，而对于这些因素的确定并没有固定的模式，这也是负重训练计划制订中具有挑战性的环节。但是，任何训练的目标都是提升身体的心肺耐力、力量、速度、灵敏性等关键体能要素，因此，还是有不少的训练模式可供参考。周期化训练就是制订负重训练计划的重要依据，关于训练的周期化，在第十三章消防员体能训练计划的制订章节会有详细的介绍，简单来说，负重训练应符合训练与休息周期的规律，分阶段的设置训练目标，采取强度逐步增加或是上下波动的方式进行。

在为消防员设计负重训练计划时，必须依据专用性原则。消防员应选择一些多关节运动项目和有氧耐力项目，模仿在救援现场上执行任务的情景，可以结合技能训练来进行，例如水带训练、登高训练等。

1. 短时间、高强度负重

对于需要高强度重负荷的短期任务，消防员需要一定程度的肌力和爆发力。对这两项素质最显著的提升方法是严格控制训练强度、训练频率和训练量。高强度、小训练量与低强度、大训练量两种抗阻训练计划比较而言，前者对消防员负重任务的运动表现提升更大。

2. 长时间、低强度负重

消防员最重要的体能素质之一是有氧耐力，在有氧耐力训练中必须要融入一些负重训练项目，通常选取一些长时间、低强度的有氧耐力项目来提升身体适应性，但是如果选取单纯的有氧耐力训练，对消防员负重时运动表现的影响效果相对较小。这一点容易理解，有氧耐力训练改善的是身体的心肺能力，而负重作业对消防员的基础性力量需求显著，许多的研究也正是了这一点。最好的做法是有氧耐力与抗阻训练相结合来制订负重训练计划。

3. 负重类型

如前所述，通过心肺功能与抗阻训练相结合的方式来提高消防员负重适应性是制订负重训练计划的最佳选择。任何单一形式的练习都不及两者结合对负重的运动表现，这也是体能训练强调的全面性原则，从运动训练的能量需求来讲，负重训练计划应包括 ATP-CP 系统、糖酵解和有氧氧化三种供能形式。

消防员在结合有氧耐力与抗阻训练开展负重训练时，需要考虑两个因素。首先，无论训练方式如何，都应该先从较低的负重开始，这一阶段不必严格按照专门性原则实施，以使身体尽快适应负重带来的变化，进而再按照专门性原则，安排一些中高强度的练习项目。其次，必须重视负重训练，同样是进行有氧耐力训练，有负重和无负重相比，更能提升消防员在任务行动中的运动表现。

在周期性负重训练计划中，消防员应该灵活调整各个训练变量，循序渐进是没错，但是也不代表一味地增加训练强度，有时候适当的降低强度会使循序渐进的效果更加突出。再有，不同的体能要素要组合练习，厚此薄彼终将会带来功能性的缺失，甚至是损伤，既要强调不同的项目，还有针对不同的素质，同时还要强调不同的部位，多样化、灵活化、全面化的训练计划是消防员负重训练的追求目标。

4. 负重频率

训练频率是任何体能训练项目所必须要考虑的变量因素，负重训练也不例外，大量的研究证实，1周1次的负重训练效果明显高于2周1次的训练。还有研究显示，将所有的跑步类项目全部调整为负重进行，得出的结论是有氧耐力水平的提升明显高于轻装训练，但是这种方式需要严格控制负重重量及跑速，对于普通消防员来说是一项严峻的挑战，因此还是建议适当地进行负重训练，在负重适应期过后，每周1~2次的频率是较为妥当的做法。

三、负重训练计划建议

体能训练一直都在强调循序渐进，这一原则是体能训练的根本性原则，一蹴而就的现象绝对不会发生在体能训练中，同样，负重训练反复提到的循序渐进一定要在消防员体能训练计划中得以体现。在负重训练的初期阶段，由于是从无到有，因此还是要采取保守的做法，2周进行一次，虽然这与许多负重研究的结论不统一，但是不要忘记，这时的消防员还未经过负重训练，身体各项指标在负重状态下会有一个适应的过程，随着这种适应水平的提高，逐步调整为1周1次，或1周2次。还有一点要引起注意，负重训练的强度一般为两种形式，其一为高强度、短时间；其二为低强度、长时间，无论哪种形式，这种强度一定要达到应有的刺激，能引起身体的反应，否则有可能会徒劳而返。另外，高强度、长时间的负重训练应该规避，以免带来负面的影响。

消防员在制订负重训练计划时的参考建议和月计划实施方案，如表10.1和表10.2所示。

表 10.1　消防员负重训练计划参考建议

参考指标	建议
训练频率	每周一次
训练强度	逐步增加或波动
训练量	逐渐增加
抗阻练习	每周至少三天，从 12 次重复的肌耐力到 3～6 次重复的肌力训练，每次训练进行三组
有氧练习	每周两次，每次 20～30min，中、高强度，负重时低强度

表 10.2　消防员负重训练月计划实施方案

时间	周一	周二	周三	周四	周五	周六	周日
第一周	上肢抗阻练习	休息	下肢抗阻练习	有氧练习	抗阻练习	有氧练习	休息
第二周	负重训练	休息	上肢抗阻练习	有氧练习	下肢抗阻练习	有氧练习	休息
第三周	上肢抗阻练习	休息	下肢抗阻练习	有氧练习	抗阻练习	有氧练习	休息
第四周	负重训练	休息	上肢抗阻练习	有氧练习	下肢抗阻练习	有氧练习	休息

小结

- 救援任务成功与否很大程度上取决于消防员在任务行动中的运动表现，他们必须具备在严峻的环境和高负荷的工作强度下及时做出反应并迅速采取行动的能力。而负重作业作为消防工作的特点，进一步对消防员的体能提出了更高的要求。

- 本章对消防员负重训练进行了较为系统的讲解。介绍了负重的由来，并解释了消防员可能携带的负重类型以及开展负重训练的必要性。此外，还讨论了负重引起的身体各项生理需求变化以及基于这些变化而采取的应对措施。最后，提出了以心肺功能与抗阻训练相结合的方式来提高消防员负重适应性的有效方法，通过提高消防员负重状态下的运动表现为目标，应用本章中阐述的原则和准则，设计科学合理、行之有效的负重训练计划。

第十一章
消防员运动损伤防治

运动损伤是指运动过程中发生的各种身体损伤。其损伤部位与运动项目以及专项技术特点有关。如体操运动员受伤部位多是腕、肩及腰部，与体操动作中的支撑、转肩、跳跃、翻腾等技术有关；网球肘多发生于网球运动员与标枪运动员。消防员也有一些常见的运动损伤。在传统运动中，人们一直很重视及时有效的损伤预防及康复，这种康复的方法手段同样可以应用于消防员。

第一节
常见运动损伤

对于大多数消防员来说，运动损伤是战训过程中常见的情况。救援任务的多样性和大强度的体能消耗，再加上经常在恶劣环境中进行的操作，使消防员容易受伤，并且会带来后续的伤害，因此，了解消防员常见运动损伤、采取必要的预防及康复措施以使身体尽快恢复，就显得非常关键。

一、运动损伤概况

运动损伤是消防员最常见的健康问题。国内外消防部门对消防员运动损伤都有密切的关注及详细的统计。综合这些调查研究，消防员超过 80% 的运动损伤是由过度使用而引发。膝关节、小腿、腰椎、踝关节和脚是主要的损伤部位。我国消防部门在过去的一段时间内为了提高消防队伍的战斗力、增强消防员的技术技能，在全国范围内开展"打造消防铁军"的行动，造就了一批先进基层单位及优秀训练标兵，然而相应的也带来了一些伤病困扰，在"三从一大"训练原则的指导下，为了取得较好的训练成绩，大量的消防员在体力透支甚至带伤的情况下仍然进行训练，导致了许多的运动损伤。消防员应着重预防这些部位的伤害，如果已经受伤，则必须采取相应的康复措施。例如降低训练强度、减少训练量、采取侧重于康复性的多样化训练措施等。这些干预措施在运动训练领域广泛使用，并获得了有效的康复效果，非常值得消防员借鉴实施。

其他章节中针对不同体能训练素质的伤害预防和风险提供了较为详细的介绍，值得注意的是，消防员遭受肌肉、骨骼伤害的可能性是普通人群的 3.8 倍，50% 以上的火场伤害是肌肉、骨骼，包括肌肉拉伤、关节脱位和骨折。尽管许多伤害可能是恶劣条件和极端运动导致的必然结果，但优化消防员的运动技能及了解必要的康复方法将会大大降低损伤风险。

1. 运动损伤分类

运动损伤按不同的分类标准有不同的分类方法，如表 11.1 所示。

表 11.1 运动损伤分类

分类标准	分类细则
按组织结构分类	肌肉、肌腱及韧带损伤
	关节软骨损伤
	骨组织损伤
	关节不稳
	神经组织微细损伤
	心血管系统损伤
按皮肤、黏膜是否完整分类	开放性损伤（外伤）
	闭合性损伤（内伤）
按损伤程度轻重分类	轻伤（不影响工作）
	中等伤（24h 内无法工作，需门诊治疗）
	重伤（需长期住院治疗）
按运动能力丧失程度分类	轻度损伤（可以继续训练）
	中度损伤（不能按计划训练）
	重度损伤（无法训练）
按病程反应分类	急性损伤（症状迅速出现）
	慢性损伤（长期过度劳损）
按运动技术与训练的关系分类	运动技术损伤（与运动技术有关）
	非运动技术损伤（运动时的意外伤）

无论哪一种分类，对消防员来讲，两种损伤类型最为常见，一是由于技术动作不合理、不正确，违反人体解剖学和生物力学而导致的急性损伤；二是由于身体某部位局部运动负荷长期过重，超出该组织所能承受的最大程度而导致的慢性损伤。这两类损伤恰恰是消防员任务过程中技战术动作对身体的特殊要求，以及身体某些部位在运动中所表现出的解剖生理弱点的具体体现。

2. 运动损伤原因

体能水平的高低对运动损伤的发生概率影响很大。体能素质较好的消防员一般不会无故发生运动损伤，相反，多数的运动损伤发生在一些体能基础较差的消防员身上，而且是经常性地发生，这也突显了消防员进行体能训练的重要性。另外，体能训练缺乏全面性或整体适应性也是运动损伤发生的重要原因之一。多数运动损伤的发生是由于损伤部位肌肉力量的不均衡造成。例如腰背肌肉薄弱、股后肌群力量欠缺等。因此，规范体能训练有益于降低消防员运动损伤。

运动损伤的一种常见现象是旧伤复发。旧伤一直被认为是导致新伤的危险因素。消防员应严格对自身进行个人筛查，以了解任务职责内所固有的伤害风险因素以及之前发生过的损伤，对这些旧伤部位采取规范有效的康复措施，这也是本章要重点介绍的内容。

消防员运动损伤的常见原因和具体表现如表 11.2 所示。

表 11.2　运动损伤原因和具体表现

损伤原因	具体表现
思想上不够重视	对预防运动损伤的意义认识不足，思想麻痹
	缺乏心理品质训练
缺乏合理的热身	不做热身或热身不充分
	缺乏专门性热身或与训练内容结合性不好
	热身过量
	热身与正式训练时间间隔过长
训练水平不够	基础体能素质不佳
	缺乏专项技术训练
	缺乏职业适应性训练
训练组织不当	缺乏训练监督
	不遵守训练原则
	训练过程缺乏保护
	训练计划突然改变
	训练场地、着装等不合要求
消防员生理状态不佳	注意力减退、反应迟钝
	心神不安、过度紧张
	训练负荷过大
	技术动作错误
	力量发展不均衡
	旧伤复发

续表

损伤原因	具体表现
训练环境不良（职业适应性训练除外）	气温过高或过低
	潮湿高热
	光线不好、能见度差

二、运动损伤防治措施

了解并熟知运动损伤的预防原则，掌握必要的康复措施，可以保障消防员身体健康，促进体能训练的正常实施，提升体能储备及运动表现。

1. 运动损伤的预防原则

避免运动损伤应以预防为主，防治结合。如表 11.3 所示为运动损伤的预防原则和具体措施。

表 11.3　运动损伤预防原则和具体措施

预防原则	具体措施	预防原则	具体措施
主观认识	加强思想教育	训练实施	合理安排训练负荷
	组织教育培训		加强训练监督
训练计划	准确制订训练目标	动作要求	加强易伤部位练习
	合理安排训练周期		改进技术动作
训练实施	认真做好热身运动及再生恢复		注重力量均衡发展
	合理安排训练休息时间比		注重辅助练习

2. 损失康复干预原则

（1）**急性发炎期**　身体对大多数运动损伤的初始反应是产生炎症，从而进一步造成组织性的损伤。炎症的典型表征是发红、肿胀、疼痛、发热和功能丧失。炎症反应也称为急性期或炎症期，通常持续数天，但由此带来的反应可能会持续数周，具体时长取决于损伤的部位、严重程度、损伤初期的干预措施以及个体差异性。急性损伤阶段最重要的是采取一些保护措施。此阶段的康复目标是最大限度地减少疼痛和肿胀，保护受伤部位免受进一步损害，在不影响康复的前提下保持少许活动。

急性发炎期的康复干预原则可以用六个词语来表示：保护、休息、冰敷、压迫、抬高、活动。归纳成六字口诀为：保、休、冰、压、抬、动。其中，伤后活动越来越受到重视，在伤情得到控制以后，尽早采取一些简单的活动比单纯休息静养效果要好，同时防止肌肉萎缩及相关组织的功能性减退。大量的研究也证实了这一点。需要注意的是，伤后的活动并不是针对损伤部位，与之后进行的康复运动不同，采取的是一些不影响伤处的简单身体动作，但是也需要专业人士进行指导，以达到最佳治疗效果。这六字原则在医学及运动康复领域应用甚广，对急性发炎期的康复疗效显著。因此建议消防员一旦在运动过程中发生损伤，立刻采取这些措施，最大限度延缓并降低损伤程度，促进受伤部位尽快康复。

使用抗炎药物也是消除急性期炎症的常用手段之一，但是需要在医师的指导下服用。在炎症消除以后应该停止服用抗炎类药物，如果养成长期依赖的习惯，这些药物的副作用可能会对肠胃、心血管和肾脏系统造成不良影响。此外，虽然短期、小剂量使用抗炎药会带来较快的疗效，但它们会抑制骨愈合。长期使用这些药物对细胞生长和代谢是有害的。因此，应该辩证地对待抗炎类药物，在急性期使用不会对运动产生负面影响，但是如果对这些药物过分依赖而长期服用，将会抑制肌肉生长、降低细胞活性，并使身体内脏器官功能下降。

（2）**恢复期**　在急性炎症反应即将结束时，身体新陈代谢使新细胞移至损伤的软组织部位并开始修复，进入恢复阶段。此阶段正式进入康复运动控制阶段，开始针对损伤部位进行一些功能性的康复动作，通常持续两到三周。与急性炎症期一样，恢复期的长短取决于损伤的部位、严重程度、损伤初期的干预措施以及个体差异性。此阶段的目标是逐步恢复受伤部位的完整功能，进行一些抗阻训练、抗干扰性训练和神经肌肉控制训练。

（3）**慢性重塑期**　恢复阶段过后，损伤部位已基本愈合，功能也逐步完善，但受伤的组织仍然会继续重塑并巩固，这一阶段为慢性重塑期，时间长达数月。最终的康复结果很大程度上取决于这一阶段康复训练的质量。此阶段主要目标是继续进行康复训练，直到身体可以完成正常的体能训练内容，满足同一水准消防员的体能要求。

表11.4总结了从急性发炎期到慢性重塑期整个康复阶段的恢复目标。根据所处阶段选取适当的康复措施。在所有阶段中，消防员必须与医师或康复人员紧密合作，以确保康复训练不会增加伤害。

3. 避免过度使用

当身体组织所承受的累积压力超过其最大负荷时，就会发生过度使用伤害。

表 11.4　运动损伤的阶段恢复目标

阶段	恢复目标
急性发炎期 （保护阶段）	保护受伤部位免受进一步伤害
	最小化疼痛和肿胀
	不影响损伤部位的情况下保持少量运动
	保持未受伤部位的功能
	保持身体健康
恢复期 （受控运动阶段）	对损伤部位施加可控压力
	进行低强度拉伸练习，在忍受范围内渐进实施
	进行低负荷抗阻训练，逐步增加强度，延长忍受时间
	开始神经肌肉控制练习
	保持身体健康
慢性重塑期 （恢复功能阶段）	各项体能水平满足要求
	确保职业相关动作的神经肌肉控制能力

造成过度使用的两个主要因素是不合理的训练及功能性运动障碍。训练强度或训练量过大是不合理训练的典型表现。最常见的训练错误是跑步的频率过大和持续时间过长。例如，每天进行多次跑步、每次跑步超过 30min，这种方法与过度使用而导致运动损伤有直接关系。因此，尤其对新训消防员，限制长跑的频率和持续时间是预防过度使用的有效手段。

大多数的运动是靠多个关节、多个肌群相互作用来实现的，是由单一的动作组合成动作链来共同完成。当运动中某个或多个动作链缺乏完成既定任务所需的活动性或稳定性时，就会导致功能性运动障碍，出现代偿运动，进一步造成过度使用伤害。例如，一名消防员髋部和胸椎的活动性不足，在搬运物体或拖拉作业时会使腰椎超出其安全活动区域，造成过度使用伤害。可见，在平时的训练中，多个动作链、多种功能性应全面发展、共同提高。

常见的过度使用情况包括肌腱损伤、应力性骨损伤和髌骨股骨疼痛综合征。长距离奔跑与下肢过度使用容易导致这些症状的出现，因此在消防员中经常发生。

（1）肌腱损伤　肌腱损伤是指肌肉或者肌腱活动过度受到损伤。分为肌腱炎和肌腱退化。肌腱炎通常是由于训练强度和训练量的增加引发肌肉纤维过度使用，除了累及肌腱本身，还会影响腱鞘。肌腱炎并非单一的炎症，大多数情况下，常伴有受累肌腱胶原组织变性，因此现在统称为肌腱病。与运动相关的最常见的慢性肌腱疾病是跟腱病、髌腱病、股四头肌和腘绳肌腱病、肩袖肌腱病。肌腱炎的通常表现为炎症现象。因此，可以采取急性发炎期的六字口诀进行治疗。肌腱损伤之后在头两天之内应该冷敷，两天之后可以按摩和热敷，并慢慢开始恢复运动和拉伸。运动和拉伸之前的热身会减轻肌腱的疼痛。没有得到治疗，很容易出现再次的扭伤，习惯性的扭伤就是因关节反复扭伤，造成韧带肌腱松弛而造成的。

肌腱退化是由于肌肉纤维反复强烈牵拉而引起肌腱胶原纤维退行性病变，是一种较难治疗的损伤，它发生在肌腱内出现退行性变化时，通常会伴有两个多月的症状。康复训练必须纠正导致肌腱病的生物力学动作错误，还应该有针对性的设计一些增强肌腱的弹性的康复动作。如果康复不好，长此以往，将会给消防员带来慢性疼痛，影响健康。

（2）**应力性骨损伤** 应力性骨损伤是指骨骼无法承受重复的机械负荷，从而导致结构性疲劳、压痛以及局部骨痛，是过度使用性损伤的另一主要类别。负重工作和训练负荷过大超过个人骨骼压力承受极限时，就会发生这种情况。应力性骨损伤是一个渐进过程，随着负荷压力的增大，逐步发展为骨损伤，最终恶化为骨折。体能基础差的消防员在训练的初期阶段或是训练强度、训练量突增时，特别容易发生应力性骨损伤。

应力性骨损伤的主要症状是在运动过程中伴有疼痛，并逐渐发作。刚开始发作时，疼痛较轻且范围较散。应力性骨损伤的疼痛不会因热身运动或持续性负荷适应而减轻。症状发生后，继续运动，损伤程度会更加严重；停止运动后，症状会减轻。如果不及时治疗或康复，发展到后期阶段，即使休息时也会出现疼痛。因此，应力性骨损伤应尽早识别，并调整训练变量以减轻骨应力。最好的训练方案是在康复训练的同时，还能进行适度的体能训练以维持正常体能。

三、过度训练综合征防治

除了一些急性创伤和过度使用之外，消防员还容易受到过度训练综合征的影响，这是因为长时间的救援任务和体能训练的疲劳累积效应而引起的。训练引起的过度反应会让身体出现正面或负面的适应。正面的适应是体能训练的必然结果，是提升体能的正常途径；而负面的适应则会带来疲劳的累积，造成运动能力的下降，引发运动损伤。对这些过度反应的正确认识有助于消防员提高训练理念、规范训练实施。

1. 功能性过度反应

当训练人员持续进行大强度训练而导致其短期性的体能下降时，就会引发功能性过度反应，使身体超量恢复，在经过几天或几周的休息后即可恢复并超越正常体能水平。功能性过度反应通常是训练计划中的必经阶段，配合规范的再生恢复与充足的休息，可以让身体超量补偿，带来积极性的适应，以提高体能表现。

2. 非功能性过度反应

当训练人员在持续大负荷训练后没有使身体充分的再生恢复，缺乏足够的休息，就投入下一次的训练当中，就会发生非功能性过度反应，出现过度训练。这一状态可能会持续数周或数月。可见，恢复休息是避免过度训练的关键，恢复休息充分，会带来超量恢复，提升体能；恢复休息不够，则会引起过度训练疲劳，降低体能。

3. 过度训练综合征

过度训练综合征（over training syndrome，OTS）是由于长期的过度训练引起的运动训练综合征，身体疲劳累积难以恢复，表现为运动机能的损伤和运动成绩的下降。过度训练综合征要完全康复通常需要几个月的时间。过度训练综合征的发生机制包括心理和生理因素。Hans Selye 提到人会由于对压力不堪重负而崩溃，其原因大部分为当身体不适感突然增加时，焦虑等心理负面情绪也会增加。在消防员的训练或考核中也会存在各种心理变化，如对胜利的渴望、害怕失败、目标不切实际以及其他的期望，都可能是导致情绪压力超过心理承受能力的来源。由于这些因素的作用，过度训练往往会伴随着情绪的变化，如对训练失去欲望和热情。此外，虽然过度训练综合征的生理影响机制尚不明确，但关于神经、内分泌腺和免疫系统的一些异常生理反应以及身体的炎症反应已被证实与过度训练综合征有关。可能会增加消防员损伤的风险。

过度训练综合征的症状是高度个体化及主观化的，因此无法确定广泛而实用的判断标准。但多个体征的出现足以提醒消防员是否已经出现了过度训练的症状。这些体征包括静心率（HR）的增加、最大或次最大运动能力的降低、血压升高、食欲下降、体重下降、睡眠失调、情绪不稳、情绪状态量表（POMS）的变化等。

消防员在进行体能训练时，必须调整好训练计划，对有可能出现的过度训练症状做好充分的准备和对应的干预措施。

过度训练最主要的治疗方法就是休息。此外，可以采取一些措施来预防过度训练综合征，如表 11.5 所示。

表 11.5 预防过度训练综合征措施

措施	具体内容	措施	具体内容
完善训练计划	训练计划中明确再生恢复训练及休息	规划生活日常	压力管理
			良好的睡眠习惯
提前发现症状	做好体能测试、监控及评估	记录训练状态	训练量和强度
	身体疲劳		训练时间
	情绪变化		体重变化
	HR 和血压升高		幸福感等级
	睡眠质量下降		睡眠质量评定
	生病或受伤		训练评价
规划生活日常	注重营养		疾病或伤害

第二节

运动损伤康复的实施策略

鉴于损伤的部位、严重程度以及个体差异性的区别，消防员运动损伤的康复分为两个阶段，即：基础体能阶段和功能复健阶段。两阶段所采取的康复策略也有所不同。

基础体能阶段的目的是为消防员运动损伤的康复奠定基础。损伤发生后，身体运动功能会受到限制，一段时间内将处于不适状态，这一阶段的康复策略应以提高整体身体素质为主，并且需要专门的康复指导。具体实施方法是进行一些简单的练习动作，以低强度、低训练量为准则，切记不应选取会带来伤害风险的运动，例如大强度的抗阻练习、负重训练或超过 30min 的跑步练习。此外，除了保持一定的训练量之外，基础体能阶段对动作质量的要求也很高，正确的练习动作对于改善身体运动能力、促进康复有着积极的影响。

功能复健阶段的目的是对损伤部位实施针对性的康复训练，使身体完全准备好满足其基于任务的体能要求。这一阶段同样需要专门的康复指导，从一些简单的功能性康复动作开始逐步实施。

基础体能阶段和功能复健阶段可以同步实施，两个阶段的训练内容互相交融，对运动损伤的康复更为有效。

一、康复目标

损伤发生后，必须修改体能训练计划，以免身体进一步受到伤害。如前所述，参考三类康复阶段的恢复目标可以使消防员选择适当的康复性练习动作。

在受伤后的最初阶段，主要目的是保护受伤的组织免受进一步的伤害。因为受伤的组织可能无法继续承受压力，所以康复训练主要针对相邻区域，以保持其功能。例如，患有急性踝关节扭伤的消防员通常会采取未受伤腿的单腿活动以及躯干、上肢运动，减少或消除受伤踝关节的压力、维持心肺功能。例如骑自行车、游泳、水中跑步或上肢摇动练习。对损伤部位而言，也可采取一些轻微的活动和低负荷的练习，但是，由于损伤部位处于脆弱期，活动与否应该听从医师或运动康复人员的建议。

在急性发炎期之后，受伤的组织开始修复。为了修复并优化组织的功能，康复训练应采取可控的练习动作，目的是提供适量的刺激，使肌纤维的排列及功能逐步恢复至与未受伤状态下相似。这时的训练应该是无痛的，并且要通过限制动作幅度和减少不必要的动作来控制。此阶段的受控练习可能会让有些消防员感到肌肉僵硬，但这种控制是必要的，随着练习的持续，这种僵硬或不适感会慢慢降低。

康复训练开始后，康复指导人员及消防员应密切监视接下来的48h内的身体反应。如果在此期间感到疼痛、肿胀或僵硬加剧，则说明训练负荷过大，应该减少训练负荷或停止练习，寻求进一步的治疗。即使表面上可以承受渐进式的训练负荷，康复指导人员和消防员也必须谨慎地进行康复训练，坚持科学训练原则，调整训练进度，不能仅是依靠诸如疼痛之类的主观感觉来判断实施。另外，在康复的受控练习阶段，应专注于动作的质量，而不是训练强度和训练量。

当损伤的组织得到充分修复后，接下来的阶段就需要进行长期的重塑。康复的目的就变成了恢复完整性功能，需要从康复训练逐步过渡到正常体能训练。此阶段的训练建议如表11.6所示。具体实施时，应该在完成一项的基础上再进行另一项的调节。

表 11.6　重塑期训练建议

目标变量	训练建议
散步	步行可以增加身体受伤部位的关节活动度。消防员身体移动及大幅度的动作对关节活动度的依赖性很高。进行步行训练时，可以在保证无痛的基础上缓慢增加步行距离
速度	康复的初期阶段，运动速度通常很慢，以确保适当的神经肌肉控制和正确的动作技术。但是，许多与救援任务相关的动作需要快速反应。康复训练中后期，在康复指导的监督下，运动速度可以在受控条件下适当加快。恰当的做法是先降低训练量，再增加运动速度，身体适应以后，再逐步增加训练量
训练强度	一般情况下，康复训练不会达到与职业相关的训练强度。但是，与运动速度一样，消防员在工作中会遇到很大的负荷。因此，为了恢复足够的力量，尽快重返岗位，重塑期的训练强度也可逐步增加，但是要量力而行，防止力量不足或平衡感不佳的情况发生
训练量	重塑期的训练有两类，对于抗干扰性练习、抗阻练习及神经肌肉控制练习而言，训练量反映了给定时间段内的动作重复总数。对于有氧耐力练习而言，训练量可以使用距离或持续时间来表示。训练量应根据康复效果有效调节，增加或降低都可能有助于最终体能的恢复
复杂性	许多救援任务需要很高的运动技巧，这意味着需要大量的神经肌肉控制才能完成任务。重塑期通过提高练习动作的复杂性，可以更好地让消防员为此类任务做好准备。增加运动复杂性的方法包括减少动作的支撑面、增加多关节练习、在不平坦的表面上运动、对变化的环境做出反应等。例如，站立时缩小两脚之间的距离、灵敏性练习和一些反应性练习

二、功能性评估

运动损伤的监测评估是康复措施的重要手段。对受伤的消防员的评估是一个持续的、艰巨的过程。每个康复阶段、每次康复训练后，包括随后的恢复期，都需要进行规范的功能性评估，以判断训练刺激是否引起期望的身体反应。在评估过程中，应该密切关注身体的一些基本反应，这些参考性的准则可以有效指导康复训练。如表 11.7 所示。

表 11.7　损伤康复的评估参考准则

参考因素	具体表现	参考因素	具体表现
身体感觉	无痛	损伤部位体征	软组织愈合的时间
	压迫感减轻	能力表现	足够的力量和耐力
	较好的心理状态		良好的本体感受和平衡性
损伤部位体征	无持续性肿胀		足够的心肺能力
	完整关节活动度		技能水平的恢复
	良好的灵活性		没有持续的生物力学异常

随着康复训练的实施，进入功能恢复阶段时，消防员可以选择一些具体的

功能性评估手段，以深入了解身体是否可以不受限制地活动、履行职责。例如，下肢受伤和踝关节稳定性的康复程度可以用单腿跳远进行评估。另外，平衡能力测验中涵盖三个方向（前侧、后内侧和后外侧）的运动能力测试对下肢功能的评估也十分有效。

目前而言，标准性的运动损伤康复评估还不完善，因此，消防员应在实际康复训练中，综合考虑上述建议实施评估。

三、跨专业协作

运动损伤康复的最终目标是能从损伤状态中完全康复，当然，也会有康复不彻底使消防员继续承受功能性受损而面临进一步受伤的风险。运动损伤的康复涉及多个专业，受许多因素的制约，包括医师、体能训练师、运动康复师。因此，管理并调控这些因素需要采取团队合作的方法。理想情况下，医生可以提供医疗健康需求；体能训练师可以制订并调整训练计划；运动康复师可以实施损伤部位的护理和康复。但实际情况并非如此，消防员可能无法直接接触这些专业人员，这使得消防员及管理人员必须掌握基本的运动损伤应对措施和康复训练方法，这些措施、方法涵盖了医学、运动训练学和康复学方面的相关知识，对消防员自身的学习、生活、工作是一项不小的挑战。实际上，即使是专业运动员，对运动损伤康复知识的了解也并不是十分全面，他们也是在不同领域特长的专业人士指导下进行康复训练的。因此，对本身任务繁重的消防员来讲，最好的方式就是掌握一些运动损伤的预防措施以及初期的干预手段，随后的康复训练还是要寻求不同专业人员的帮助。

第三节
运动损伤康复的训练方法

肌肉长时间不使用会对其体积及力量带来负面影响。有证据表明，在肌肉停止工作后5天时间就会导致这种现象的发生。康复训练正是基于这种"用进废退"的指导思想，在受伤后继续进行训练，有利于运动损伤的快速康复。虽然伤后的行动能力会有所限制，但这并不影响运动带来的康复效果。关键因素在于采取何种形式的康复练习动作，这些动作一定是经过认真评估的、并且是在受控制的情况下开展，才能促进损伤部位恢复正常功能。本节的重点就是要通过受伤后的运动控制来维持肌力，促进康复。

阻力性训练结合一些辅助性手段是制订康复练习动作的首选，这些动作练习可以方便控制。多数情况下，这些练习动作是通过一个或几个动作链相互协调共同完成的，涉及多个肌群，但是，当某一肌肉或肌群在动力链中由于缺乏力量而导致动作变形或无法完成时，就需要单独对这一肌肉或肌群进行针对性练习，这也是康复训练的动作设计原则。例如，在跑步过程中单腿着地时，由于重力和惯性的影响会导致非支撑腿一侧的骨盆倾斜。正常情况下，臀大肌和臀中肌会维持髋关节的稳定，如果臀部肌群力量不足，很容易导致支撑腿的膝关节过度受力而增大损伤风险，这时就应该先针对臀部肌群进行训练，当臀肌力量足够时，再尝试更复杂、更综合的训练。单一肌群的训练是恢复完整动作链的保证，也是康复训练的重要手段。另外，从上述例子中可以看出，膝关节的损伤康复动作，并不一定的针对膝关节，与其相邻或是对其有影响的肌群才是康复动作关注的重点，这一点同样适用于其他损伤部位。

除了选取正确的康复练习动作以保证受伤后肌肉的基本功能之外，对这些康复动作的有效控制是促进康复的必要手段。这一点可以从动作的平衡性方面得以体现。身体每个部位都有固定的活动范围，代表其运动性；在这个范围内活动时会有稳定和晃动的区别，代表其稳定性。最佳化运动表现需要的是运动性和稳定性之间的平衡，这是康复动作的准则之一，也是体能训练的原则之一。对康复动作的有效控制可以寻求最佳的平衡性，使相关部位协调均衡发展。

运动损伤的康复训练包括损伤部位的功能性康复练习以及常规的有氧康复练习。这些练习方法针对的是一些常见运动损伤的康复，发生类似损伤的消防员可以参照实施。同时可以在专业人员的指导下结合其他的干预措施。另外，动作学习中的对侧迁移理念也可用于康复训练。

一、损伤部位的康复动作

消防员的运动损伤通常会发生在某一特定部位，但由损伤所带来的动作功能限制不一定只是损伤部位，所谓"牵一发而动全身"。因此，在选择康复动作时，应结合损伤部位、受伤程度、对运动功能的限制及个体差异等诸多情况整体把握实施。

1. 踝关节

脚和踝关节受伤会使承重受限。除了可以选取相邻部位进行开放式动作链训练以保持其基础力量之外，还可以选择未受伤下肢的闭合动作链练习以改善受伤腿的平衡和功能。

如图 11.1 所示为一种简单的单腿旋转运动。伤者最初以未受伤腿站立，通过改变方向、重心偏移、伸手摆动、伸腿摆动、脚跟抬高和下蹲的方式来控制动作，确保躯干和站立腿对身体有足够的控制。当受伤腿恢复至可以承重时，双脚都可以进行相同的训练。这个练习需要赤脚进行，以提供更好的本体感觉，改善运动控制。

图 11.1　单腿旋转

脚、踝关节和小腿损伤通常会影响踝关节背屈，受限的踝关节会限制下蹲运动和许多其他功能性运动。

如图 11.2 所示为一种解决踝关节背屈不足的动作，辅助后蹲。伤者使用悬吊带或类似辅助带，以便可以使身体重心向后下方移动；后蹲时要保持小腿胫骨基本垂直于地面，目的是尽量使踝关节不要背屈；可以调整辅助带的长度和角度以使受限的踝关节承受适当的负荷。这个康复动作的出发点是减少踝关节的压力，针对踝关节附近的肌肉功能，促进踝关节康复。

图 11.2　辅助后蹲

2. 膝关节

膝关节受伤会严重影响运动功能，致使行动受限、肌力表现受阻。康复动作通常采取一些闭合动作链的练习，并降低膝关节弯曲时承受的压力。如图 11.3 所示为单腿 T 形支撑。伤者在棍子的帮助下使受伤腿单腿站立并适度弯曲，

图 11.3　单腿 T 形支撑

身体姿势类似于燕式平衡;膝关节弯曲至可以承受的程度;身体躯干与后伸腿应保持一条直线。该练习在保持较低的膝关节压力的同时促进动作链的有效控制。此外,如图 11.2 所示辅助后蹲的练习也可用于膝关节的康复。

随着膝关节康复的有效实施,可以进行深蹲和其他闭合动作链练习,此时应密切关注膝关节变化,如果膝关节(主要是髌骨)由于这些动作而使负荷增加引起疼痛,则必须相应地限制下蹲深度或屈膝动作,并降低膝关节屈曲角度和下蹲深度相加以修正。降低下蹲深度对患有髌骨疼痛、半月板损伤或关节退行性病变的消防员非常有效。

膝关节的剪切力也是康复训练中的考虑因素,尤其是对于十字韧带拉伤或撕裂的消防员。后十字韧带受伤进行康复练习时,可以减少深蹲动作或下蹲时将膝关节屈曲减小到 50°～60°,或者选取一些腿部推举练习。前十字韧带在下蹲 15°～30° 时所受压力最高,虽然由腘绳肌和股四头肌的共同作用会降低前十字韧带的负担,但是,许多从 0°～45° 的开放式动作链练习(如坐姿膝关节伸展)仍然会对前十字韧带产生拉伤。因此,可以将康复练习动作限制在 45°～90°。

膝关节损伤的原因通常与动作姿势的错误有关,也可以理解为动作轴线对准不良。最常见的情况是,在一些跑步或下蹲等功能性负荷运动过程中,膝关节发生偏移,这种现象往往是由于相关肌群的力量薄弱造成了膝关节的不稳定。正确的做法是在运动过程中保持髋、膝、踝三关节处于同一指向、同一运动平面。如图 11.4 所示为一种简化式深蹲康复动作,如图 11.5 所示为一种单腿跪蹲康复动作,这两种动作都是利用弹力带来激活下肢肌肉,促使膝、髋关节对齐。

图 11.4　简化式深蹲

图 11.5　单腿跪蹲

3. 髋关节

髋关节由于活动幅度较大，其损伤不如踝关节和膝关节常见。髋关节周围的大多数肌肉损伤可以通过正常的伤后护理解决，并逐步恢复最佳的动力链功能。这类损伤很少需要进行持续的训练，也基本不会调整训练变量。但是，在消防员中，还是会出现一种慢性髋关节疾病。具体表现为髋关节弯曲超过 90°时会出现疼痛，这可能是由于消防任务中需要髋关节做大量的内旋动作造成的，例如频繁的转体。髋关节损伤的康复可以选取一些伸展性的动作，以减轻症状。

此外，髋关节活动度不足也是影响其运动功能的常见因素。髋部充分旋转是许多任务的关键，例如，从地面上爬下爬上进行搜索、越过障碍物等。当髋部运动受到限制时，身体会尝试借助下背部的代偿动作来完成任务，从而产生过度劳累。在日常的热身运动中加入一些髋关节练习有助于改善髋关节的运动能力。这些练习包括髋关节的屈伸和收展，同时还有相关肌群的动态伸展。如果出现疼痛或缺乏进展等问题，应将消防员转介给医疗或康复专业人员。

如图 11.6 所示为一种髋关节伸展的动作，弓步深蹲。无论是在康复阶段，还是在热身阶段都可以进行，要注意髋、膝、踝的对齐性，这一练习还可优化后侧动作链。

4. 脊椎

脊椎损伤以及腰痛在消防员中非常普遍，这类损伤在完全康复后也很容易复发，需要引起足够的重视。脊柱几乎参与了所有的运动，因此学习掌握其训练及保护的方法至关重要。

图 11.6　弓步深蹲

多数消防员都熟悉诸如平板支撑和桥式支撑之类的练习对于发展核心力量很有帮助，但躯干和骨盆的神经肌肉控制不能仅仅依靠这些练习。正确的动作模式非常重要，在进行其他形式的练习时，消防员应关注核心在动作过程中的力量传递作用；学会在多数动作中将躯干保持正直位置，这个姿势使下背部不会拱起，也不会过分平坦，而是介于两者之间的某处，并调整呼吸，保持稳定；掌握肌肉力量调节，避免过度用力。这些方法将影响核心功能的表现，与康复训练的效果关系密切。

在脊柱损伤恢复的早期阶段，一些单腿练习会提供有效的刺激，以保持下肢功能，同时保持脊柱轻量负荷。如图 11.3 所示的单腿 T 形支撑可以作为脊柱康复的练习，其主要作用于后侧动力链。如图 11.7 所示的单腿前倾支撑也是一种脊柱康复练习，它是利用瑜伽球不稳定的表面来增加躯干肌肉的激活，主要是针对前侧动力链。

不稳定的表面对于核心练习的帮助很大，但其是一把双刃剑，它们的出发点是增加肌肉激活，但这种激活也可能会过度地增加损伤部位的负荷，因此实际应用时需要具体分析。相对而言，如图 11.8 所示的悬挂式抬膝对脊柱或腰背部损伤的人可能更加适合，这个练习对脊柱的负荷较小，而且疗效不错。

单腿前倾支撑和悬挂式抬膝练习主要强调脊柱在矢状面内进行康复练习。除此之外，还可采取一些额状面及水平面内的练习。如图 11.9 所示，利用弹力带进行侧跨步下蹲。在弹力带紧贴身体的情况下，阻力主要在额状面内；当肘关节伸展时，阻力随之朝向转移至水平面；练习时要确保身体正直站立。

图 11.7 单腿前倾支撑

图 11.8 悬挂式抬膝

当消防员通过这些练习使脊柱得到有效的康复后，就可以进而采取一些多运动平面的动作。如图 11.10、图 11.11 所示为一种对角摆动练习。练习时要求躯干保持正直。这一动作包含髋、膝关节的屈伸，以及髋、胸、肩、腰的旋转。

图 11.9　侧跨步下蹲

图 11.10　对角摆动 1

脊柱的康复不仅需要足够的力量来维持其稳定性，还需要加强神经肌肉控

制的充分激活来促进动作的协调性和熟练性。如图 11.12 所示为利用药球进行旋

图 11.11　对角摆动 2

图 11.12　药球侧抛

转投掷。双手持药球侧对墙壁；持球或接球时，身体重心应位于靠墙一侧的腿上；然后重心下降并转移至另一条腿，将药球侧向墙壁抛出；快速返回至接球位置；练习过程中应保持一定的肌肉张力，注意身体重心在两腿之间的转移，并保持躯干和重心腿的正直轴线；注意呼吸策略，接球时吸气以增加腹腔内的压力，抛球时呼气以减少腹腔内的压力。此练习有助于脊柱左右两侧动作链及旋转动作链的神经肌肉控制效果的提升。

在功能恢复的后期和重塑阶段，可以尝试进行正常的抗阻练习，例如深蹲、硬拉等，但是要注意先从较轻的负荷强度开始，并确保在练习过程中正确的动作姿势。可以选择六角杠铃进行练习，它可以将负荷保持在脊柱附近，从而减小脊柱的压力，如图 11.13 所示。在深蹲练习时应采取保守方法，先从自身体重开始练习，逐步过渡到前蹲练习，这是腰椎康复的重要练习动作，如图 11.14 所示的壶铃前蹲。

图 11.13　六角杠铃硬拉

5. 肩关节

肩关节也是身体较为灵活的关节之一，它是进行上肢运动的基础。肩关节功能的有效发挥需要肩胛骨和胸腔之间的活动性和关节的稳定性。如果肩关节在运动过程中违背生物力学原则，在不正确的时间、位置或负荷下进行相关动作，极有可能会使肩关节承受过度压力而导致损伤。消防任务中大量的携带、拖拉、举升等动作都关乎肩关节的使用，其损伤也较为常见。

图 11.14　壶铃前蹲

肩关节的康复重点包括促进关节的活动范围和保持关节的稳定性两个方面。消防员应正确认识肩关节的作用，并在进行相关活动时注意观察其是否满足最佳的力学结构，在此基础上再继续抗阻训练。进行康复练习时也应该遵循这一原则，通常选取一些哑铃或壶铃的举升动作，如图 11.15 所示。

图 11.15　哑铃举升

有些消防员的肩关节会在运动到一定角度时发生疼痛，例如，在60°～120°，这种情况称之为肩关节夹挤综合征。对于这类人群，可以选取一些低负荷的推举练习，确保负荷在肩关节所能承受的压力范围之内，采取全身性的运动来促进功能性的发挥及神经肌肉的有效控制，例如弓步推举，如图11.16所示。练习时应注意一些关键动作，例如"夹紧肩胛骨""肩胛骨后缩"等，以保证正确的动作姿势；同时应保持手臂伸直，并且头部和脊椎垂直于地面。

图 11.16　弓步推举

对于消防员来说，肩关节前侧不稳定也是一个常见的肩膀问题。这一症状的康复措施是避免肩关节水平外展和外旋。可以选取一些仰卧推举练习来限制肩关节水平外展，直接仰卧于地板要比长形凳的限制外展效果好，例如，地面哑铃仰卧推举，如图11.17所示。练习时应注意避免脖子向后方移动，这也是肩关节损伤的预防保护措施。

与肩关节前侧不稳定相对应，会有肩关节后侧不稳定的情况，但这一症状较为少见。肩关节后侧不稳定的康复措施是控制手臂向后摆动的力量。可以选取一些较宽握距的推举练习来控制肩胛骨向后的稳定性。

图 11.17　地面哑铃仰卧推举

与其他部位康复练习的目的一样,除了增加力量来维持肩关节的稳定性之外,还需要良好的神经肌肉控制,选取一些涉及较多动作链的练习可以有效提升这一功能。例如利用阻力带的推拉动作,包含前侧动作链、侧向动作链及旋转动作链,如图 11.18、图 11.19 所示。回拉动作时,应注意肩胛骨后缩,前推动作时,要确保手位于身体前侧;练习时注意臀部肌群、背部肌群、肩部肌群的发力变化,以及身体重心的转移、旋转;可以根据消防员的个体差异性来调整阻力带的高度和手的运动方向。此练习可以有效地提升肩关节的神经肌肉控制。

图 11.18　阻力推拉 1

图 11.19　阻力推拉 2

6. 康复动作实施建议

以上康复动作可以针对消防员常见部位的运动损伤有针对性地干预。在实施过程中可以参考以下建议。

（1）**选择合适的训练强度及训练量**　康复训练多采取一些抗阻练习动作，练习过程中训练强度和训练量的大小是重要的调节变量，以免过大的负荷引发较大的压力。消防员必须要对训练负荷进行风险分析。选择合适的负荷并在练习过程中加以调整将有助于损伤部位功能的康复，从这一点来讲，应采取保守的做法避免激进。

（2）**选择合适的练习动作**　常见损伤的康复动作通常为一些蹲举练习和推拉练习。练习时要注意，这些动作也会有一定风险。在康复的初期阶段，还是建议选择一些单关节、单肌群的动作，并注重正确的动作姿势，提高动作质量。随着康复水平的提升，逐步选取一些多关节、多肌群的练习动作。

（3）**注重完整动作链的练习**　在康复的后期阶段，应在练习中加入一些复杂性的动作，以提升整体功能性。正如前文多次提到的，康复不仅需要足够的力量来维持其稳定性，还需要加强神经肌肉控制的充分激活来促进动作的协调性和熟练性。这些涉及多个动作链的复杂练习对康复的帮助很重要，应给予足够的时间来练习这些动作，并达到熟练掌握的程度，同时还应注意避免疲劳的发生。

二、心肺耐力与康复

运动损伤的康复除了采取一些常规的阻力练习之外，进行康复性心肺耐力训练同样是重点考虑因素，尤其是对有氧及无氧耐力需求较大的消防职业。有氧耐力训练是体能训练中必不可少的内容，它对身体心肺功能的改善可以保证消防员在救援任务中发挥最佳运动表现。即使是在受伤后，也应该通过一些有氧或无氧练习促进康复，保持良好的心肺功能。伤后的心肺耐力训练不同于正常情况，需要对训练形式、训练强度、训练量、训练频率及休息时间重新评估并监控实施，同时结合损伤部位及程度、运动功能的限制大小及个体差异等情况区别对待。常见的心肺耐力康复练习包括跑步、水中训练及自行车等。

1. 跑步

有氧及无氧耐力共同构成了消防员的心肺功能，无论是正常进行有氧耐力训练，还是伤后的康复性有氧耐力训练，都应该注重有氧及无氧全方位的耐力提升。跑步是最为普遍的心肺耐力项目。受伤后的消防员经常选择一些低强度的稳定配速跑步练习来进行康复性的心肺功能训练，而忽略了高强度的无氧练习，这种做法其实无益于消防员高强度任务的心肺耐力需求。因此，伤后的心肺耐力训练，最好是有氧、无氧练习相结合进行。例如，将康复性心肺练习分为三个阶段：有氧阶段、无氧阶段和配速阶段。有氧阶段以较低的配速进行较长时间的跑步，针对的是有氧耐力；无氧阶段采取短时间、高强度的跑步，针对的是无氧耐力；配速阶段则采取 85% 最大心率的中、高强度进行配速训练。这种方法同样适用于随后介绍的水中训练及自行车练习。

为了使康复性心肺训练合理有效的实施，最好对跑步计划进行系统的设计。如表 11.8 所示为 14 个阶段的练习方案，目的是使消防员达到正常的心肺耐力训练水平。

表中康复性跑步计划需要参考以下标准实施：
① 此方案的适用前提是以中等强度步行 30min 而没有不适症状。
② 每次训练开始前，必须进行几分钟的步行或其他形式的动态热身。
③ 以稳定的速度在平地上进行训练。

表 11.8　康复性跑步计划

阶段	跑步 /min	走路 /min	重复次数	总时间 /min
1	1	5	5	30
2	2	4	5	30
3	3	3	5	30
4	4	2	5	30
5	5	1	5	30
6	10	5	2	30
7	12.5	2.5	2	30
8	15	15	1	30
9	17.5	12.5	1	30
10	20	10	1	30
11	22.5	7.5	1	30
12	25	5	1	30
13	27.5	2.5	1	30
14	30	0	1	30

④ 每个阶段至少进行两次，两次训练之间至少有 1 天的间隔，在第 4、8 和 12 阶段练习后，应至少休息 2～3 天。

⑤ 如在某次练习后第二天出现疼痛、肿胀，则需停止训练，待症状消除之后，再尝试继续练习。

2. 水中训练

水上训练可以有效改善消防员的身体状况，促进康复。水的浮力会使损伤部位受到的压力大大降低。水中训练的形式包括游泳和不同水深的跑步。选择水中跑步时，由于水的阻力会使步频降低、每一步迈出更加有力，对伤后康复及动作的功能性有所帮助。

3. 自行车

如果髋关节和膝关节有足够的活动度，也可以选择骑自行车来保持有氧耐力，自行车练习同样可以降低下肢的负重，有助于动作功能的恢复。但与游泳不同，自行车练习时脚部节奏是加快的，并且，相比消防员大量的跑步类任务，从自行车练习中获得的心肺改善效果，尤其是动作模式的帮助不会很大。

小结

本章介绍了消防员常见的运动损伤以及损伤预防和康复的练习方法。对消防员来讲，损伤的最大致因是运动量过大、缺乏休息恢复以及旧伤复发，当然还包括一些长期养成的错误动作姿势与不良动作习惯。种种迹象表明如果伤后的康复不彻底，没有恢复至原有正常功能，将会带来更大的伤害，因此，消防员必须重视运动损伤的预防与康复。伤后严格按照损伤的急性发炎期、恢复期和慢性重塑期有针对性地采取一些阻力性的康复动作和必要的心肺练习，同时最好在专业人士的帮助下进行康复训练。无论何种康复练习，都需要足够的力量及良好的神经肌肉控制，并且要持续一段时间，在练习中注重监督、及时评估。总之，把握运动损伤的每一个环节，提高康复认识、完善康复方案、规范康复动作，使消防员实现从受伤康复到最佳运动表现的无缝过渡。

第十二章
消防员营养策略

第十二章　消防员营养策略

消防员面临着许多独特的身体挑战,这是他们工作要求的一部分。严峻的救援环境和繁重的救援任务需要消防员足够大的力量、足够快的速度、足够强的耐力。这些任务的挑战加上诸如睡眠不足、极端天气条件、心理压力和工作时间延长等因素所引起的身体能量需求,可能会超出消防员的预期。实施良好的营养策略、维持高水平的营养状况对于满足所有这些需求至关重要。本章介绍了基本营养知识、消防员的营养策略,以提供适宜的营养需求,保持消防员高水平执行工作的身体能力。

完善的营养计划必须考虑到消防员的个人需求。了解个人的目标、能量需求和恢复需求是制订消防员营养策略的必要条件。例如,消防员进行大运动量的活动对能量的需求增大,需要更多的卡路里、碳水化合物和蛋白质等能量物质;活动量较少的消防员对能量的需求减少,因此对卡路里、碳水化合物和蛋白质的需求也相应减少。消防员体能训练的营养供给,首先应该了解关于营养的基本概念,然后针对各类消防任务分析需求,采取必要的营养补给措施。

第一节
营养基本概念

营养与饮食相关,消防员的饮食应促进整体健康,满足营养需求,并最大限度地提高体能和恢复健康。虽然消防员的工作任务与普通人群有很大区别,但每日饮食及营养的摄取都来自相同的能量物质,所不同的是高温高湿的环境以及大运动量带来的能量代谢会增大,这也是为消防员制订营养策略必须要考虑的问题。对营养学的一些基本认知可以帮助消防员制订个性化的营养方案,包括能量代谢,营养物质的概念、分类及所包含的能量等。

一、能量代谢

新陈代谢是生命最基本的特征之一,其包括物质代谢和能量代谢两个方面。机体通过物质代谢,从外界摄取营养物质,同时经过体内分解吸收将其中蕴藏的化学能释放出来转化为组织和细胞可以利用的能量,人体利用这些能量来维持生命活动。在物质代谢过程中所伴随的能量的释放、转移、贮存和利用称为能量代谢。能量也称热量，单位是焦耳（J），通常也用卡路里（calorie）来表示，简称卡（cal），1cal=4.184J。

机体从外界摄取的营养物质包括碳水化合物、脂肪、蛋白质、微量元素、水及维生素等，其中碳水化合物、脂肪和蛋白质是机体的主要能源。机体内能量底物（如碳水化合物、蛋白质、脂类等）氧化产生能量的过程称为能量消耗，其中，碳水化合物占50%～55%，蛋白质占10%～15%，脂类占20%～30%。人体每日总能量消耗分为三个部分：基础能量代谢、食物热效应和体力活动。

基础能量代谢决定了人体能量最基本的需要量，它对生命存活起了一系列重要的作用，如体内细胞功能、蛋白质合成等，它占据了每日能量需要的60%～75%，比较稳定，每天变化很小，是区分不同人之间能量需要的重要指标。

食物热效应是指人体由于进食而引起能量消耗增加的现象，它包括消化、吸收和代谢转化的全过程。

体力活动也是人体能量消耗的主要途径，中等强度活动的耗氧量是基础代谢的4～5倍，较强活动的耗氧量是基础代谢的7～8倍，极强活动可达到基础代谢的14～15倍。

正常人体如果安静不动，所需要的热量每天在1500kcal左右，当然，作为消防员来讲，要远远高于这一数值。

二、宏量营养素与水

营养素的主要种类是碳水化合物、蛋白质、脂肪、水、维生素、矿物质（无机盐）和膳食纤维，称为七大营养素。身体大量需要的，例如碳水化合物、蛋白质和脂肪，被称为宏观营养素，维生素和矿物质被视为微量营养素。每种主要的营养素都有重要的生理和代谢功能，与人体的健康和运动表现息息相关。

1. 碳水化合物

碳水化合物是生命细胞结构的主要成分及主要供能物质，是高强度运动的主要能源，在满足整体能量需求方面发挥着关键作用，并且有调节细胞活动的重要功能。身体中碳水化合物的存在形式主要有三种，葡萄糖、糖原和含糖的复合物。

碳水化合物的生理及代谢功能与其摄入食物的碳水化合物种类和在身体内存在的形式有关。具体表现如下：

① 碳水化合物是人类获取能量的最经济和最主要的来源，能够提供和储存热能。

② 碳水化合物是构成机体组织的重要物质，是维持大脑功能必需的能源并参与细胞的组成和多种活动。

③ 碳水化合物还有调节脂肪代谢、提供膳食纤维、节约蛋白质、抗生酮、解毒和增强肠道功能的作用。

碳水化合物的主要食物来源有糖类、谷物（如水稻、小麦、玉米、大麦、燕麦、高粱等）、水果（如甘蔗、甜瓜、西瓜、香蕉、葡萄等）、干果类、干豆类、根茎蔬菜类（如胡萝卜、番薯等）等。

2. 蛋白质

蛋白质是生命的物质基础，也是一种重要营养素，负责维持和恢复肌肉，保持血细胞健康，提供关键酶和增强免疫力。蛋白质也已被证明可以帮助保持瘦肌肉含量、体重减轻、增强肌力和耐力。

蛋白质具有支持身体活动的多种功能。具体表现如下。

① 蛋白质的主要作用涉及修复因运动而受损的肌肉组织，并增加肌肉蛋白质的合成，有助于增加肌肉的质量和强度，从而适应更高强度的运动。

② 蛋白质可以在长时间的极限运动中用作能量，特别是在糖原储存受限的情况下，但是即使在这种情况下，蛋白质也仅占运动能量需求的12%。

蛋白质的主要食物来源有：肉、蛋、奶和豆类食品。

3. 脂肪

脂肪俗称油脂，由碳、氢和氧元素组成，它既是人体组织的重要构成部分，又是提供热量的主要物质之一。与碳水化合物和蛋白质相比，运动训练人员包括消防员的脂肪饮食需求通常很少受到关注，但是，适当的脂肪摄入对于身体的机能、运动后的康复和心血管健康至关重要。脂肪对身体的主要功能如下。

① 脂肪是人体内热量的重要来源及储能仓库，维持人体正常的生理活动。

② 皮下脂肪具有隔热保温的作用。

③ 能对人体内脏器官起到保护作用。

④ 脂肪当中含有的磷脂和胆固醇，也是人体重要组成部分，维持人的生命活动。

⑤ 脂肪可以作为维生素A、维生素D、维生素E、维生素K等脂溶性维生素的溶剂，促进其吸收。

⑥ 脂肪是亚油酸、亚麻酸及花生四烯酸三种必需脂肪酸的供给源。

脂肪的主要食物来源有：动物性食物和坚果类。动物性食物以畜肉类含脂肪最丰富，且多为饱和脂肪酸；鱼类脂肪含量基本在 10% 以下，多数在 5% 左右，且其脂肪含不饱和脂肪酸多。蛋类以蛋黄含脂肪最高，约为 30%，但全蛋仅为 10% 左右，其组成以单不饱和脂肪酸为多。除动物性食物外，植物性食物中以坚果类含脂肪量最高，最高可达 50% 以上，不过其脂肪组成多以亚油酸为主，所以是多不饱和脂肪酸的重要来源。

4. 水

水是人体中最大的营养素，也是人体最大的构成物质，占体重的 60%～70%。所有的体液都由它制成，包括血液、淋巴液、脑脊液、细胞内液、尿液和汗液。水对身体的主要功能如下。

① 吸收代谢过程中的热量，帮助身体完成生理及代谢活动。

② 充当身体各关节等组织结构的润滑剂。

③ 用作体内化学反应的介质。

④ 将营养物质和氧气输送到细胞组织。

⑤ 参与清除体内代谢产物。

⑥ 调节体温。

⑦ 保健和防病作用。

体内水分平衡是影响水摄取所要考虑的关键因素，其代表水分获取和损失之间的差异。人体获取水的来源是包括饮用水、饮料、食物以及由于营养物质代谢而产生的代谢水；身体水分流失包括呼吸、泌尿、粪便和皮肤流失。对于消防员，由大运动量和任务环境带来的排汗及急促的呼吸对水分流失的影响显著。久坐不动的人每天平均呼吸造成的水分流失为 250～350mL，呼吸冷、热、干燥空气会导致更多的水分流失。因此，进行繁重工作时暴露于极端环境中的消防员每天仅通过呼吸就会损失 1L 或更多的水分。

三、微量营养素

微量营养素包括矿物质和维生素，意为人体需要较少的营养素。

1. 矿物质

人体内的元素除碳、氢、氧、氮以有机的形式存在外，其余的统称为矿物质,也称无机盐,是构成人体组织和维持正常生理功能必需的各种元素的总称,其中 25 种为人体营养所必需。在人体内含量较多、需要量较大的为常量元素,有钙、镁、钠、钾、磷、硫、氯 7 种,占矿物质总量的 60%～80%;在人体内含量很少的为微量元素,包括铁、碘、锌、硒、铜、锰、铬、钴等 14 种。矿物质对身体的具体功能如下。

① 构成机体组织的重要成分,缺乏钙、镁、磷、锰、铜会引起骨骼或牙齿不坚固。

② 多种酶的活化剂、辅因子或组成成分,例如钙是凝血酶的活化剂。

③ 特殊生理功能物质的组成部分,例如铁是血红蛋白的重要组成。

④ 维持机体的酸碱平衡及组织细胞渗透压,缺乏铁、钠、碘、磷会引起疲劳。

⑤ 维持神经肌肉兴奋性和细胞膜的通透性。

⑥ 矿物质如果摄取过多,容易引起过剩症及中毒,所以一定要注意适量摄取。

2. 维生素

维生素是维持身体健康所必需的一类有机化合物。他们是一类调节物质,在物质代谢中起重要作用。由于体内不能合成或合成量不足,所以虽然维生素的需要量很少,但必须经常由食物供给。维生素通常按溶解性质分为脂溶性和水溶性两类。脂溶性维生素主要包括维生素 A(视黄醇)、维生素 D(钙化醇)、维生素 E(生育酚)、维生素 K(凝血维生素);水溶性维生素主要包括维生素 B 族、维生素 C,B 族中主要有维生素 B_1(硫胺素)、维生素 B_2(核黄素)、维生素 pp(烟酸)、维生素 B_6(吡哆醇)、泛酸(遍多酸)、生物素、叶酸、维生素 B_{12}(钴胺素)。常见维生素对身体的具体功能如下。

(1)**维生素 A** 促进生长发育,维持皮肤结构的完整与健全,增强免疫能力。

(2)**维生素 B_6** 与氨基酸代谢有关,能促进氨基酸的吸收和蛋白质的合成,为细胞生长所必需,对脂肪代谢、皮脂分泌亦有影响。

(3)**维生素 C** 促进氨基酸中酪氨酸和色氨酸的代谢,延长肌体寿命,是构成皮肤细胞间质的必需成分。

(4)**维生素 E** 能促进皮肤血液循环和肉芽组织生长。

第二节

消防员营养需求

不同人群每日能量需求是可变的，具体取决于性别、身体成分、运动量、年龄和环境因素。在制订消防员的营养策略时，必须全面了解其基本能量消耗、保持各类体能训练的能量需求以及与工作任务有关的能量需求。

满足长时间、大强度救援任务的能量需求，寻求摄取与消耗的最佳平衡点，是消防员营养策略的基本出发点。同时也要注意，由于身体条件、岗位职责、任务难易等因素的区别，不能将所有消防员归为一类人群而采取相同的营养策略。例如一场足球比赛中，前锋、后卫、守门员等不同位置的球员其任务目标和活动范围会有所不同，再加上首发或替补出场等因素，从而导致这些球员的运动量也会有所区别，相应的能量需求及营养供给随之发生变化。同理，不同岗位的消防员工作性质是具有差异性的，有些消防员在任务行动中的心理需求高，但身体运动量并不大；有些消防员则需要优异的体能表现来适应救援环境、完成任务。一个最明显的区别就是内攻任务的消防员体能消耗会明显大于驾驶员，当然还有其他的例子可以说明这一点。因此，针对消防员的营养策略，一定要区别对待、个性化实施。

衡量能量需求的两种主要方法是间接热量测试法和双标水测试法，分别提供氧气消耗量和二氧化碳产生量的估算值。由于这些方法需要昂贵的设备，并且测试条件较为严格，不利于经常性实施，因此通常利用一些能量消耗的预测公式来进行估算，Harris-Benedict 公式就是其中之一，如表 12.1 所示。

表 12.1 Harris-Benedict 能量需求评估公式

Harris-Benedict 公式	
性别	基础能量消耗 /kcal
男性	66.5+13.75×体重（kg）+5.003×身高（cm）-6.775×年龄
女性	655.1+9.563×体重（kg）+1.850×身高（cm）-4.676×年龄

例如，一名 30 岁的男性消防员，身高 180cm，体重 80kg，其每日基础能量消耗为 1863.8kcal。

Harris-Benedict 公式只是对普通人群正常状态下每日基础能量消耗的一种

估算方法，对消防员来讲，可能更需要结合相应的工作任务来分析其能量需求。目前我国各部门机构针对消防员的能量需求研究较少，这将是消防员体能训练及能量代谢未来的发展方向之一。关于消防职业特性相关的能量代谢，Elsner 和 Kolkhorst 曾进行过一项研究，可以参考借鉴。该研究选取 20 名消防员，让他们穿着防护服完成 10 项模拟任务，如表 12.2 所示。

表 12.2 消防员能量代谢模拟任务

任务阶段	任务内容
1	将一条重 41kg 的消防水带从消防车的后部拉出 35m，并与消防栓相连
2	携带 33kg、7.3m 拉梯行进 30m，并将其架设至三层窗户
3	佩戴正压式空气呼吸器
4	将两条 82kg 的消防水带从消防车铺设至 20m 外的楼梯间
5	用 5kg 的铁锤敲击 75kg 的木块使其沿水泥地面移动 50cm
6	沿楼梯攀爬至三楼
7	用绳索将两条 82kg 的消防水带从地面拉至三层
8	在 30m 长的杂乱区域拖拉消防水带
9	回到地面，肩负 23kg 折叠水带再次回到三楼
10	搜索 75kg 假人并拖拉至 30m 之外的安全区域

结果显示，20 位消防员完成此练习平均时长为 11.7min，平均摄氧量为 29.1mL/(kg·min)，约为 8.3METS、62% $V_{O_2 max}$，消防员达到了最大心率的 95%。除去基础能量消耗后，此 11.7min 的训练大约需要 127kcal（1kcal=4.18kJ）的热量。可想而知，若是在长达数小时的灭火行动中，消防员的能量需求必然会大量增加。

整体而言，消防任务的能量消耗每日不少于 4500kcal。除了主要工作职能的日常需求外，还必须考虑消防员为了保持体力和耐力而进行的任何形式的训练以及其他日常活动。

一、碳水化合物需求

1g 碳水化合物可供人体吸收的能量约为 4kcal。每日碳水化合物的摄取量取决于消防员的碳水化合物代谢耐受性、工作职能、特定运动要求和不同的训练阶段。使碳水化合物摄入量与需求相匹配很重要。通常，耐力型项目的消防员需要高碳水化合物的饮食，而执行短时间和高强度运动的消防员可能并不依赖于过多的肌肉糖原存储量，也就意味着其只需要少量的碳水化合物摄入。

成年人一天的碳水化合物需求量为 4~6g/kg 体重，对于发展肌力的消防员来说，一天的碳水化合物需求量为 5~8g/kg 体重，而如果要发展有氧耐力，则一天的碳水化合物需求量为 9~11g/kg 体重。举例来说，一名体重 80kg 的消防员进行肌力训练，他每天的碳水化合物需求量为 400~640g；若是进行有氧耐力训练，他每天的碳水化合物需求量为 720~880g。需要注意的是，有研究指出，600~650g 碳水化合物可能是肝糖增补的最高剂量，且或许会带来肠胃不适，训练时需纳入考量。

二、蛋白质需求

1g 蛋白质可供人体吸收的能量约为 4kcal。消防员的蛋白质需求会比不运动的人更高，具体取决于运动量、总体能量摄取、碳水化合物摄入量等因素。在高强度的任务条件下，蛋白质的需求会远高于正常值，尤其是在整体能量和碳水化合物摄入较低的情况下。对于消防员而言，保持肌肉质量、提高力量和恢复能力是蛋白质摄入的主要考虑因素，因此全天频繁地摄取蛋白质非常重要，以确保有足够水平的循环氨基酸用于肌肉的修复和生长。运动后和睡前食用的蛋白质对促进合成代谢具有重要意义。同时，蛋白质的补给是增肌的重要手段。

成年人一天的蛋白质需求量为 0.8~1.2g/kg 体重，对于运动量较大的消防员来说，一天的蛋白质需求量为 1.6~2g/kg 体重。举例来说，一名体重 80kg 的消防员，他每天的蛋白质需求量为 128~160g。

三、脂肪需求

1g 脂肪可供人体吸收的能量约为 9kcal。关于每日脂肪量摄入的建议要根据身体活动的类型、环境条件、体重目标、心血管疾病的风险因素和总体能量需求而变化。脂肪具有更高的能量密度，脂肪能量密度的增加意味着它在有限的体积内可以提供大量的食物能量。对于高能量需求的消防员而言，尤其是在有限的食物获取或任务条件不允许大量时间进餐的情况下，此属性尤其重要。总体而言，对脂肪的摄入没有明确的要求，但建议消防员每日脂肪摄取量为身体所需总能量的 20%~30%，如果身处寒冷环境，或由于执行长时间任务而导致食物量不足，则可增加至 35%。此外，还应注意脂肪摄取要避免油炸类食品，以不饱和脂肪酸代替饱和脂肪酸，多摄取多不饱和脂肪酸。

四、水的需求

水是生命之源，同样也是运动中最为关键的营养素，人体每日水的需求通过补液来实现。可以按照人的体重和能量摄入作为补液参考，一般为 1mL/kcal，因此，对体重的监控以及不同运动带来的能量需求的增加是补液的依据标准。对消防员任务或训练前后的体重进行测量，可以大体呈现出水分的流失而引起的体重下降，有助于制订补液策略。

除了运动量会引起水分需求的不同之外，任务环境的差异性也会对消防员的补液需求产生影响。在炎热的环境中，应优先补充水分，并且需要充足的摄取量以最大限度地减少疲劳并防止与热有关的伤害。如果补液不充分，就会使血量减少导致出汗率降低进而影响正常散热，危及身体健康。寒冷的环境也会增加对水分的需求，通常情况下，人体会由于外界环境变冷而导致口渴感降低，并且会促进利尿作用，从而导致水分摄入不足和液体流失过多。

建议消防员在执行任务前 1～1.5h 补液超过 500mL，且不能为碳酸饮料；在任务过程中需要每隔 15～20min 补液 120～250mL，且水温控制在 10～15℃；任务后每隔 15min 补水 250mL，持续 3h。消防员体型越大需要的水分就越多。

> **小结**
>
> 科学的体能训练需要营养的补充，消防员在执行任务和日常体能训练过程中尤其要注意能量和水分的摄取。制订营养策略时要充分考虑消防员的工作任务、救援环境和生理状况，在实践过程中逐步修正并完善。建议消防员的营养方案通过专业人士进行制订，如果条件不允许，也可根据实际情况自行实施，但是需要具备必要的营养学基础，结合消防职业任务特点，寻求能量需求的平衡点，对水、碳水化合物、蛋白质、脂肪等营养物质均衡摄取。另外，由于出警时间和救援任务的不确定性，导致消防员的营养摄

取及能量需求无法以固定模式来实施，但是无论如何，在执行任务之前必须为消防员提供足够的营养，使其存储足够的能量，即使在任务期间，也要有相应的营养策略以维持整个救援行动的能量代谢需求，为此，消防员可能会随身携带必要的液体和营养物质。总之，对消防员的营养策略，应该在每日基本能量消耗的基础上，根据任务或训练运动量的大小，结合所处环境，个性化实施，以确保消防员充足的能量来源及优异的运动表现。

第十三章
消防员体能训练计划

训练计划是指组织实施体能训练的具体安排和基本依据。必须通过合理的周期安排来逐步培养消防员正确的动作模式与训练观念，提高其训练效率与身体能力。消防员理想的体能训练计划，需要先进行体能需求分析，确定消防员的身体健康状况，然后制订个性化的训练目标。

第一节
消防员体能训练原则及注意事项

为了体能训练计划顺利进行，在实施计划方案时必须遵循相应的训练原则，恪守一定的注意事项。

一、训练原则

1. 自觉性原则

自觉性原则是指消防员在充分理解体能训练目的、意义的基础上，自觉、自愿、主动、积极地进行身体锻炼。消防员的体能训练多数都在固定的时间、地点开展，而且会有统一的组织形式，相对来说，具备一定的客观制约性和监督性。但是留给消防员的自主性还是很大的，例如训练强度、训练量、间歇时间等，而且不一定会有相关培训和指导，因此，主观因素在体能训练中也发挥着重要作用。在训练中身体要承受一定的运动负荷，付出一定的体能，有时还要在恶劣气候条件下坚持练习，因此没有自觉、积极的精神是难以从事身体锻炼的。另外，在掌握练习方法、提高技术技能、深化运动知识的过程中，外部动力和压力较小，主要靠自觉性、积极性，如果不求进取，很难取得理想效果。

2. 循序渐进原则

循序渐进原则是指训练内容、训练方法和运动负荷等训练因素的顺序安排，由易到难，由简到繁，逐步深化提高，使消防员系统地掌握基础知识、技术技能和科学的锻炼方法。在负荷保持在一定程度的条件下，机体的应激以及随之产生的一系列变化，都会保持在一个适度的范围内。这时负荷的量度越大，对机体的刺激越深，所引起的应激也越强烈，机体产生的相应变化也就越明显，体能提高得也就越快。体能水平的提高是阶段性的，受人体生理机能的制约，动作的熟练度同样也受条件反射和分析、综合的逻辑思维规律的支配，这些本身就是一个由简单到复杂的渐进过程。根据消防员体能的实际发展规律，训练时应遵循"由易到难、由简到繁、由轻到重"的发展规律，实行体能训练全程强度监控，通过逐渐递增或采取波动式的持续性训练，防止因短时高强度训练而触发运动疲劳，避免造成健康伤害。

3. 灵活性与专门性原则

消防员可能会从不同的体育锻炼方法中受益，因此，消防员应灵活设计训练计划，以适应个体差异并结合职业需求与个人职责，这些因素都可能会影响计划的顺利实施。体能训练计划应根据体能测试和健康评估的结果进行个性化开发。做到训练手段多样化、训练内容专项化、训练计划处方化。

4. 全面性原则

人体是一个有机整体，各器官系统之间的结构和机能是互相联系、互相制约的。任何局部功能的改善和提高，必然影响身体其他部位功能的变化和发展，并直接体现在应急救援行动中。消防员体能训练应着眼耐力、力量、速度、灵敏性、柔韧性等要素，兼顾强侧与弱侧，统筹基础训练和应用训练，系统性、综合性地提升身体各部位、器官系统的机能，做到平衡发展、全面提高。

5. 恢复性原则

恢复性原则是指根据消防员的体能状况和人体机能的训练适应规律以及提高消防员基础体能和职业能力的需要，在训练中给予相应量度的负荷，负荷后及时消除消防员在训练中所产生的疲劳，提高消防员体能和取得理想训练效果的训练原则。在训练中穿插和采用一些轻松愉快、富于节奏性的练习等训练手段，在训练后采取积极性的恢复手段，都可以帮助肌肉和血液中的乳酸更快消除。还可以根据人体的"生物钟"节律，安排好每天的训练时间，成为一种习惯性的定型，节省神经能量，有利于机体的恢复。同时还需要注意营养的补充和心理学的恢复手段。

二、注意事项

训练计划的有效实施，还需要考虑两点注意事项，一是健康体检；二是训练动机。

1. 健康体检

为消除隐患、确保消防员可以安全地参与体能训练计划，避免出现任何医疗状况或疾病，消防员必须进行训练前的医学检查。由于消防员较大的工作压力及相关职业病的普遍存在，所有在开始或大程度调整体能训练计划之前，需要定期进行体检，至少每年一次，尤其是如果消防员患有已知疾病，更应进行定期身体检查。还应鼓励所有消防员定期参加身体适应性测试，以帮助指导训练计划设计、衡量进度并发现可能影响体能或工作能力的健康变化。

2. 训练动机

训练动机属于运动心理学的研究范畴，不同训练目的、体能水平、消防员训练时的差异性都会对训练动机产生影响。有些消防员体能训练的目标是达到标准，而还有消防员的目标是超过标准；一些消防员由于体能基础较低，在进行体能训练时的动机或积极性可能会有所不足，还有一些消防员体能水平较高，在训练中可能会有懈怠心理；还有，大多数消防员体能训练都是集体进行，在实施过程中，不同岗位、不同基础的消防员往往针对某项体能共同训练，队员之间的差异可能会激励训练、也有可能会降低训练积极性。对于一些心理动机存在障碍或者训练不积极的消防员来说，应当采取相应的措施进行干预，例如采取小组练习或使用团队合作方式进行训练，而非独立训练；回忆取得的训练成绩来挖掘心理优势，增强训练信心；采用言语自我暗示手段，以激励自己的进取心和求胜欲，或者改变消沉灰心的动机性质。尽管没有一种激励方法适用于所有消防员，但是，建议以个人需求和部门需求为目标设定消防员体能训练及救援工作的激励方法。

第二节
体能需求与评估

在消防员体能测试与评估一章中，我们详细介绍了消防员体能如何测试、如何评价，以使体能训练基于自身体能水平，有的放矢。在训练开始之前，还有一项必需的工作，那就是制订体能训练计划。在制订消防员体能训练计划时，应对体能测试的结果认真分析，评估需求，设计出目标明确、合理有效的训练计划。

体能测试与评估通常是为了一定的目的而实施，例如消防员招录时对应聘者体能进行测评，确定其是否满足消防工作的基本体能要求；或是在定期的体能考核中，对消防员基础体能和职业适应能力进行测评，促使其积极开展体能训练以适应急难险阻任务；再有就是为了切实了解自身体能状况的变化，设计处方式的体能训练计划。这一目的的体能测试，没有考核压力和达标要求，因此，消防员可以客观准确地展示出自身最为真实的体能状况，为制订或调整体能训练计划提供基础支撑。依据测试结果，常模参照评价，消防员将为自己制定出有效的、个性的、安全的体能训练计划。各个项目的评价标准是消防员制订体能训练计划最为直观的参照。我国消防员体能考核中选取 3km 来作为评估消防员最为重要的体能素质之一——有氧耐力，如表 13.1 所示，20～24 岁的男性消防员要求在 14'25″ 内完成 3km 测试，通过参照这一标准，消防员可以清晰认知自身有氧耐力水平，并在体能训练计划中设定恰当的目标，其他的项目也相同。

表 13.1 我国消防员 3km 评价标准

分数	入职	20～24岁	25～27岁	28～30岁	31～33岁	34～36岁	37～39岁	40～42岁	43～45岁
100 分	12'40″	12'05″	11'30″	12'05″	12'40″	13'15″	13'50″	14'25″	15'00″
95 分	12'50″	12'15″	11'40″	12'15″	12'50″	13'25″	14'00″	14'35″	15'10″
90 分	13'00″	12'25″	11'50″	12'25″	13'00″	13'35″	14'10″	14'45″	15'20″
85 分	13'20″	12'45″	12'10″	12'45″	13'20″	13'55″	14'30″	15'05″	15'40″
80 分	13'40″	13'05″	12'30″	13'05″	13'40″	14'15″	14'50″	15'25″	16'00″
75 分	14'00″	13'25″	12'50″	13'25″	14'00″	14'35″	15'10″	15'45″	16'20″
70 分	14'20″	13'45″	13'10″	13'45″	14'20″	14'55″	15'30″	16'05″	16'40″
65 分	14'40″	14'05″	13'30″	14'05″	14'40″	15'15″	15'50″	16'25″	17'00″
60 分	15'00″	14'25″	13'50″	14'25″	15'00″	15'35″	16'10″	16'45″	17'20″
55 分	15'30″	14'55″	14'20″	14'55″	15'30″	16'05″	16'40″	17'15″	17'50″
50 分	16'00″	15'25″	14'50″	15'25″	16'00″	16'35″	17'10″	17'45″	18'20″
40 分	16'30″	15'55″	15'20″	15'55″	16'30″	17'05″	17'40″	18'15″	18'50″

当然，这些标准是在消防员轻装状态下完成项目的平均参考标准，并没有针对任务岗位。当消防员穿着个人防护装备作业时，由于防护服和空气呼吸器而引起的最大摄氧量水平会降低，按照轻装时的评价标准评估有氧耐力显然是

不合适的，因此建议对类似职业能力适应性测试项目所代表的体能素质提高评价标准，或者制订专门的职业适应性项目评价常模。例如，特勤消防队员可以将图 13.1 的 3km 合格标准提高到 14′05″，以满足特勤任务的需要，或者参照我国消防员有氧耐力测试的应用体能项目——10 楼负重，如表 13.2 所示，20～24 岁的消防员需要在 2′25″ 内完成测试。

表 13.2　我国消防员 10 楼负重评价标准

分数	入职	20～24 岁	25～27 岁	28～30 岁	31～33 岁	34～36 岁	37～39 岁
100 分	1′30″	1′25″	1′20″	1′25″	1′30″	1′35″	1′40″
95 分	1′35″	1′30″	1′25″	1′30″	1′35″	1′40″	1′45″
90 分	1′40″	1′35″	1′30″	1′35″	1′40″	1′45″	1′50″
85 分	1′45″	1′40″	1′35″	1′40″	1′45″	1′50″	1′55″
80 分	1′50″	1′45″	1′40″	1′45″	1′50″	1′55″	2′00″
75 分	2′00″	1′55″	1′50″	1′55″	2′00″	2′05″	2′10″
70 分	2′10″	2′05″	2′00″	2′05″	2′10″	2′15″	2′20″
65 分	2′20″	2′15″	2′10″	2′15″	2′20″	2′25″	2′30″
60 分	2′30″	2′25″	2′20″	2′25″	2′30″	2′35″	2′40″
55 分	2′40″	2′35″	2′30″	2′35″	2′40″	2′45″	2′50″
50 分	2′50″	2′45″	2′40″	2′45″	2′50″	2′55″	3′00″
40 分	3′00″	2′55″	2′50″	2′55″	3′00″	3′05″	3′10″

无论如何，消防员应该时刻关注上级部门发布的最新体能要求，并及时了解与这些要求相关的最新测试标准，对应自身体能需求。消防部门发布的体能标准将有助于指导消防员制订合理的体能训练计划。另外，体能需求除了参考这些测试及评估标准之外，还应该考虑营养、生活方式、心理健康等方面的需求，这些因素也会潜移默化的对消防员的体能训练产生影响。

第三节

训练计划要素

在做完体能需求分析和适应性评估之后，需要建立长期和短期的训练目标，以帮助推动训练计划的制定和实施。训练目标将有助于消防员优先考虑提升哪项素质或发展哪块肌肉力量，进而确定运动类型、运动强度、运动频率及运动量。

一、训练目标

消防员的体能训练的总体目标是提升职业所需的体能。在具体实施过程中，可以将一些短期目标或是针对特定项目的目标加入体能训练计划中，分步来实施，这样可以使消防员定期的观察到训练带来的成就。维持或改善消防员身体素质的目标如表 13.3 所示。

表 13.3 消防员体能训练目标

序号	目标
1	优化职业任务的效率并最大限度地减少身体疲劳，以使工作负担不超过个人的体力劳动能力，或产生不疲劳感，从而对以后的职业表现产生负面影响
2	降低受伤风险
3	降低心理压力以及发病率和死亡率
4	减少与热相关的压力的风险
5	准备进行体能测试
6	增加精力、耐力和工作能力
7	降低慢性病的风险

体能训练计划的制订和目标的设定应以需求分析为指导，确定职业需求、与个人健康有关的目标以及常见的伤害和疾病风险等。有些目标适用于所有的消防员，例如降低受伤风险；有些目标指向性明确，例如为了考核。无论如何，训练目标都可以提升训练的积极性及训练效果。

二、训练科目

训练科目的选择是训练计划必须重点考虑的因素，训练目标确定后，应该采取哪些项目来提升消防员的体能水平，要结合自身的训练习惯，更重要的是选择一些与工作任务具有高度相关性的训练项目，这些训练项目可以成为消防员开展体能训练的常用手段，再结合其他练习，以创建全面的体能训练计划，并根据每个消防员的实际体能状态和技术水平及时调整训练科目及训练进度。在选择训练科目时可以结合消防员所在消防队的实际情况，巧妙利用现有器材，例如，在农夫走时使用泡沫桶作为阻力，在俯卧撑练习中将水带放于肩关节，或在进行深蹲、弓步、提升等动作时佩戴空气呼吸器等。

  肌肉力量不平衡或缺乏肌力与肌耐力，很容易在运动过程中给一个或多个肌肉群施加额外的压力，从而增加受伤的可能性，这种代偿性的运动模式，是消防员体能训练中发生运动损伤的重大隐患。代偿与消防员的体能基础有关，与肌肉力量的不均衡有关，这就要求在训练计划中遵循全面性原则，最重要的一点就是强侧弱侧均衡发展、共同提高。多数职业任务在行动中需要身体进行单侧或双侧的旋转运动，这些运动负荷大、力量不稳且伴有振动，需要身体在发力过程中保持平衡，若是平时训练只注重强侧练习，那消防员进行这些动作时就容易导致肌肉失衡或无力，久而久之，就会造成急性和慢性肌肉相关损伤。消防员最为常见的是由于长时间的工作导致的腰背部的虚弱以及股后肌群的无力。因此在训练计划中需要加入纠正性动作或康复性动作，这些动作多是一些抗干扰性练习，有助于避免失衡和不稳定性，也可以将这些练习纳入热身运动中。

三、训练和休息周期

  身体是按照特定的周期性节律进行运转的，任何形式的训练也都需要遵循这种周期，有训练就得有休息，身体才能适应训练带来的刺激，才会更加健康强壮。具体到各个项目，训练会消耗能量，而这些能量的能源物质需要在下一次训练时得以补充，以保证训练的正常实施，这就是体能训练中经常提到的"训练休息比"。如前所述，消防员经常参与使用 ATP-CP 系统供能的任务，例如梯子抬升、强行进入；还有糖酵解系统供能的任务，例如物质疏散、被困者救助；以及氧化系统供能的任务，例如水带操作、负重登楼。因此，针对消防员的体能训练计划，需要包括针对三种供能途径的设计方案。依赖无氧供能途径的项目可以持续 15～30s 或 1～3min，建议其训练休息比为 1∶5～1∶3；依赖有氧供能的项目多为 3min 以上，建议其训练休息比为 1∶3～1∶1。消防员需要仔细计划训练项目，其中包含有氧、无氧或是混氧项目，并严格按照训练休息比实施，让身体在下一次训练时完全恢复。

四、训练进度

  进行体能训练计划之前，消防员必须确保自身体能水平满足最低要求，例如计划采取卧推来锻炼上身力量，那么必须能够推起自身体重的 40% 作为基础。

随着练习的推进，自身体能水平的提升，这一负荷已不能满足继续提升的要求，因此需要增加负荷量来调整训练进度，进度的调整可以通过多种方式完成，例如增加负荷、频率、训练量或强度；增加锻炼的复杂性，例如单关节调整为多关节；或在运动过程中降低稳定性，例如从平地深蹲转为平衡板深蹲。对于消防员而言，还需要根据工作需求的不可预测性来更改计划进度，包括训练项目或训练的持续时间和强度。例如，如果消防员在一天24h中连续出警，考虑到他们因工作需要而感到极度疲劳，在这一天中进行训练是极为不明智的，这就需要修改消防员当天的体能训练计划。此外，消防部门的有关政策性因素及值班情况也会影响训练的频率。因此，无论基于哪种因素，消防员的训练进度应做好随时调整的准备。

五、伤病风险

鉴于消防员罹患多种疾病的风险增加，任何体能训练计划都应与健康干预措施相结合，该干预措施应包括年度体检，以查明与健康相关的问题，并教育消防员适时调整体能训练计划。消防部门应对开展体能训练提供相应的指导性建议，例如美国消防协会NFPA 1583标准规定消防员的体能训练计划应包括健康相关内容，如表13.4所示。这些健康相关的干预措施能够及时发现身体的不适及隐患，降低消防员训练过程中的伤病风险。

表13.4 NFPA 1583 健康体能训练建议

序 号	建 议
1	配备具有资质的健康及体能训练指导员
2	定期对所有消防员进行健康评估
3	为所有消防员提供体能训练计划
4	为所有消防员提供健康促进教育及咨询
5	开发和维护健康体能相关的培训课程

最新研究表明，身体健康且体能水平良好的人较少出现抑郁症状。将心理干预措施与体能训练相结合，可以帮助消防员减轻训练压力并提高其适应能力。身体健康的消防员对自己处理压力的能力以及执行训练计划的能力更有信心，特别是考虑到消防任务的工作特性。消防员应了解此类干预措施以及这类协作性和综合性健康体能计划对消防员体能训练的积极作用。

高温会对身体生理功能造成有害影响，消防员在执行任务或体能训练中应采取相应对策，以降低火场上和体能训练期间的发热，并在热病症状出现时停止工作或训练。例如，消防员可以成对并轮流工作，执行火场任务时减少代谢热量的产生，这种方法也可以在训练过程中实施。消防员在训练前、中、后必须补充适当的水分和电解质液体。有报告显示，在体能训练过程中，如果休息或水分补充不足、训练指导员未能识别出伤病迹象和症状、消防员未做好训练准备（如穿着不能充分散热的衣服），都会增加训练过程中伤病甚至死亡的风险。因此，在进行体能训练之前，消防员应重视补充水分等营养物质的重要性，接受必要的体能训练相关培训，穿戴适当的衣服进行训练。此外，在适当的环境内进行训练也很必要，例如，在有空调的地方进行康复训练。

如前所述，消防员应该能够识别常见疾病和伤害的体征和症状，也应该能够识别过度训练综合症和疲劳的体征。进行体能训练时，消防员可能会隐藏各种疾病的残留影响，尤其对伤后复健的消防员，尽管他们获得训练许可或者有专人指导，但是仍然需要时刻关注身体的各项指标，切记不要过分增加训练强度或训练量。如果消防员发现身体疲劳感加重，或是有多种训练综合症迹象，应该停止训练，寻求专业人士的帮助，使身体尽快恢复。

定期进行有氧耐力运动有助于降低心血管疾病的风险、改善情绪状况、促进健康的生活方式并协助体重管理。有氧运动水平的提高与消防员心血管疾病发生率的降低、脂质分布的改善以及血压的降低相关。有研究证实，消防员的有氧耐力摄氧量水平每增加 $1MET[3.5mL/(kg·min)]$，其受伤的风险就可降低 14%。此外，最近的研究强调了优化有氧耐力以对抗个人防护装备和空气呼吸器对相符职业任务的负面影响。消防员必须了解这些负重对运动方式和伤害风险的影响，设计一种适应性的训练，降低因佩戴防护装备而增加的受伤风险。

第四节
消防员体能训练计划制订

鉴于需要个性化训练计划，消防员会从多种体能训练方法中受益。消防员应采用灵活的方案设计方法，以考虑到可能导致方案实施的个体差异以及职业要求和个人责任的结合。应根据体能测试和健康评估的结果制定体能计划。职业任务是多关节和多平面的，这表明训练计划应包括整个身体，而不应局限于一个区域。

一、体能训练方案

按照季节不同，消防员体能训练全年划分为冬训和夏训两个周期执行，冬训通常自每年的 11 月开始至第二年的 5 月结束，其余时间为夏训。在设计消防员体能训练计划时，必须考虑许多因素。包括设计一个周期性的、有目标性的训练计划，结合自身体能状况针对有氧耐力、无氧耐力、肌力、肌耐力、爆发力、速度、灵敏性、柔韧性等体能要素实施全方位的训练，还需要加入负重训练等职业性体能优化方案，同时还要将疲劳、过度训练、损伤等不利因素考虑在内。

运动训练过程以循环往复、周而复始的方式进行，每一个循环的开始到结束就是训练周期。运动训练过程的周期一般分为多年周期、大周期、中周期和小周期，无论大小周期，其基本由三个阶段组成，即准备期、竞赛期和休整期。这些周期把一个训练过程分解成多个小而易于管理的训练阶段，认知这几种不同类型的周期，可以帮助消防员制定更合理、更有效、更有目标性的训练计划。由于消防职业需要全天候备战，随时面临出警，消防员的体能训练计划不能按照运动员的竞赛周期制订。但是，可以将体能训练的周期缩短，形成小周期分段实施，这样既可避免大周期与全天候之间的矛盾，又能有针对性地提升消防员体能，使消防员更加清晰地了解训练产生的积极效果。小周期最初是为具有不定期比赛时间表的奥林匹克运动员设计的，旨在在整个年度周期内多次达到最佳体能。这类分段式的小周期非常适合消防员，它由 5～10 周的循环训练组成，为了和竞赛类周期有所区别，将其三个阶段定义为：累积期、提高期和完成期。在一个小周期结束后，需要一周左右时间的动态放松训练以使身体尽快恢复进而继续下一个周期。每个训练阶段都针对最少的适应时间来优化各项体能素质，这里所说的适应，过多的是供能系统的适应。分段周期化基于长时间训练累积才能有效果的体能素质一般安排在累积期（例如，有氧耐力和肌力；2～6 周训练阶段），中等时间见效的体能素质安排在提高期（例如，无氧耐力和肌耐力；2～4 周的训练阶段），短期见效的体能素质安排在完成期（例如，速度和爆发力；1～2 周的训练阶段），如表 13.5 所示。消防员可以根据分段周期优化体能训练要素，以使身体达到生理上的适应和素质上的提高。

此外，从目前的研究进展来看，有氧耐力训练和肌力训练之间会存在相互的干扰。因此建议在整个训练周期内使用交替训练来刺激并改善有氧耐力和肌肉力量，最大限度地减少干扰效果。也就是说，对有氧耐力和肌肉力量同时训练会减弱力量发展，因此应使用互补的耐力和力量训练来最大限度地减少这种干扰效应。切记不要同时进行有氧耐力强度（即 $V_{O_2 max}$ 的 95%）和中等抗阻训练强度（即 1RM 的 75%～80%）的训练。针对消防员分段周期训练的一些参考建议，如表 13.6～表 13.8 所示。

表 13.5　消防员分段式小周期训练阶段目标

月份	1	2	3		4	5		
阶段	累积期	提高期	完成期	动态放松训练	累积期	提高期	完成期	动态放松训练
训练目标	有氧耐力 最大力量	无氧耐力 肌耐力	速度、灵敏性 爆发力		有氧耐力 最大力量	无氧耐力 肌耐力	速度、灵敏性 爆发力	

表 13.6　消防员累积期训练案例

时间	周一	周二	周三	周四	周五	周六	周日
训练目标	有氧耐力	肌力	有氧耐力	肌力	有氧耐力	肌力	休息
热身运动	5min 慢跑 动态拉伸						
训练内容	室内室外有氧练习 强度为 80% 最大心率	腰背升举 引体向上 悬吊单腿深蹲 哑铃卧推 翻轮胎 壶铃甩摆	室内室外有氧练习 强度为 80% 最大心率	腰背升举 引体向上 悬吊单腿深蹲 哑铃卧推 翻轮胎 壶铃甩摆	室内室外有氧练习 强度为 80% 最大心率	腰背升举 引体向上 悬吊单腿深蹲 哑铃卧推 翻轮胎 壶铃甩摆	休息
再生恢复	5min 放松走 静态或 PNF 拉伸						

表 13.7　消防员提高期训练案例

时间	周一	周二	周三	周四	周五	周六	周日
训练目标	肌力耐力 无氧耐力 下肢	肌力耐力 无氧耐力 上肢	有氧耐力	肌力耐力 无氧耐力 下肢	肌力耐力 无氧耐力 上肢	有氧耐力	休息
热身运动	5min 慢跑 动态拉伸						
训练内容	弓步蹲 翻轮胎 悬吊单腿深蹲 前蹲举 腿部屈伸 蹲跳	哑铃卧推 哑铃划船 引体向上 壶铃甩摆 战绳甩摆 腰背升举	负重登高 强度为 80% 最大心率	弓步蹲 翻轮胎 悬吊单腿深蹲 前蹲举 腿部屈伸 蹲跳	哑铃推举 引体向上 战绳甩摆 土耳其起立 俯卧撑 平板支撑	负重登高 强度为 80% 最大心率	休息
再生恢复	5min 放松走 静态或 PNF 拉伸						

表 13.8　消防员完成期训练案例

时间	周一	周二	周三	周四	周五	周六	周日
训练目标	有氧耐力	无氧训练	动态放松训练		无氧训练	动态放松训练	
热身运动	5min 慢跑 动态拉伸				5min 慢跑 动态拉伸		
训练内容	室内室外有氧练习 强度为 80% 最大心率	引体向上 壶铃甩摆 蹲跳 拍手俯卧撑 药球侧抛 箱上弹跳 俯卧撑起跑 折返跑	室内室外有氧练习 强度为 55% 最大心率	休息	前蹲举 土耳其起立 战绳甩摆 下沉俯卧撑 药球后抛 横向障碍跳 背向起跑 T 形跑	室内室外有氧练习 强度为 55% 最大心率	休息
再生恢复	5min 放松走 静态或 PNF 拉伸				5min 放松走 静态或 PNF 拉伸		

二、体能训练保障

如本章前面所述，体能训练的实施因项目而异、因人而异，这些差异性同时也彰显了体能训练的多样性和灵活性。在训练过程中，消防员除了必需训练计划之外，一些影响训练顺利实施的保障条件也需要格外重视。训练保障指的是为完成体能训练任务而采取的各种保障措施，目的是为消防员体能训练提供物资、技术条件，保证训练正常实施，提高训练效果。

1. 器材场地

训练所需器材是为技术、战术训练提供各种设备和器材，通常分为简易器材和制式器材两类。按其原理和技术完善程度分为人工操作器材和自动式器材。按用途分为技术训练器材和战术训练器材。消防部门在获得体能训练资源方面可能会表现出很大差异，因此消防员进行体能训练时要学会就地取材，如果没有哑铃、壶铃等自由重量器材，可以在训练过程中使用现有的设备作为重物或负载，例如沙袋、拉梯、水带、泡沫桶等工具。

训练场地也是消防员体能训练的考虑因素。训练场地应根据技术、战术和专项素质的要求，因地制宜地进行建设。通常分为永久性场地和临时性场地，又分为室外场地和室内场地。按建设规模和使用范围还分为大、中、小型场地。按训练项目可分为田径运动场、健身房、技能训练场等。田径运动场可用于有氧耐力项目、速度项目、灵敏性项目的训练；健身房可用于抗阻训练及爆发力

训练；技能训练场可用于进行职业适应性训练。此外还有一些实验室、专项训练室及其他室内运动场等。

2. 安全

安全是各行各业开展工作的重中之重，消防工作更是如此，消防员体能训练同样需要重点关注训练安全。身体健康水平、体能状态、场地器材、规章制度、动作模式等都与训练安全密切相关。消防部门应该对训练安全相关因素进行强制性约束，使体能训练有章可循，安全规范的实施。在消防员体能训练过程中，必须由训练有素的运动专业人员进行训练计划的监督或指导，以进行适宜的筛查评估，及时调整训练计划，将一些安全变量加入训练计划当中。作为消防员自身而言，需要做到量力而行，时刻提升自己的动作模式，先从简单的练习开始。此外，关于训练安全的一些培训和教育也是不可缺少的环节。

3. 监督管理

体能训练计划的有效实施离不开训练的监督及管理，包括自我监督管理和他人监督管理，消防员体能训练的进度会受一些客观因素制约，例如工作职责、新陈代谢的需求以及伤害和疾病的趋势等，通过对训练有效的监督管理及合理的规划可以最小化这些制约。训练的监督是指管理者或训练者在遵循运动训练客观规律的基础上运用有效的手段和方法，为不断提高功效，实现训练工作目标，对运动训练进行的计划、组织、控制、协调的综合活动过程。通过对训练有效的监督管理，可以最佳化消防员体能训练时的一些客观外在的影响因素。

> **小结**
>
> 科学有效的训练计划可以指导消防员体能训练，发展各项身体素质，以满足救援任务对消防员的体能要求。在制订或完善训练计划时，消防员应该掌握必要的运动学基础知识并且熟知消防职业需求。正确的体能训练计划需要先了解自身体能状况，结合生物力学和生理代谢需求，避免过度疲劳和运动损伤，针对弱项进行有效干预。此外，消防员还必须考虑职业任务之外的多种因素，例如压力、睡眠、营养、心理等。计划的设计和实施要能为完善

消防员体能训练的科学性和规范性提供参考，为其运动表现的提高提供帮助，还必须适应消防部门整体训练状况，才能使消防员的体能训练计划真正有效的实施，满足并超越消防职业所需的体能标准。

参考文献

[1] 田麦久, 刘大庆. 运动训练学[M]. 北京：人民体育出版社, 2012.

[2] Paul Gamble, 集体性项目的体能训练[M]. 潘迎旭译. 北京：北京体育大学出版社, 2015.

[3] 运动生理学编写组. 运动生理学[M]. 北京：北京体育大学出版社, 2016.

[4] 运动解剖学编写组. 运动解剖学[M]. 北京：北京体育大学出版社, 2016.

[5] 张立为. 体育科学研究方法[M]. 北京：高等教育出版社, 2002.

[6] 张英波, 夏忠梁. 动作学习与控制[M]. 北京：北京体育大学出版社, 2018.

[7] 徐坚, 孟昭莉. 体能锻炼理论与方法[M]. 大连：大连理工大学出版社, 2019.

[8] 邹克扬, 贾敏. 体育康复[M]. 北京：北京师范大学出版社, 2011.

[9] 张笃超. 运动损伤康复学[M]. 北京：人民军医出版社, 2008.

[10] 张钧, 张蕴琨. 运动营养学[M]. 北京：高等教育出版社, 2010.

[11] Baur D M, Christophi C A, Tsismenakis A J, et al. Cardiorespiratory fitness predicts cardiovascular risk profiles in career firefighters. J Occup Environ Med[J]. 2011, 53: 1155-1160.

[12] Butler R J, Contreras M, Burton L C, et al. Modifiable risk factors predict injuries in firefighters during training academies[J]. Work, 2013, 46: 11-17.

[13] Cook G, Burton L, Hoogenboom B J, et al. Functional movement screening: The use of fundamental movements as an assessment of function—part 2[J]. Int J Sports Phys Ther, 2014, 9: 549-563.

[14] Cook G, Burton L, Hoogenboom B J, et al. Functional movement screening: The use of fundamental movements as an assessment of function—part 1[J]. Int J Sports Phys Ther, 2014, 9: 396-409.

[15] Dennison K J, Mullineaux D R, Yates J W, et al. The effect of fatigue and training status on fire-fighter performance[J]. J Strength Cond Res, 2012, 26: 1101-1109.

[16] Fahy R, Leblanc P, Molis J. Firefighter fatalities in the United States[M]. Quincy, MA: National Fire Protection Association, 2014.

[17] Farioli A, Yang J, Teehan D, et al. Duty-related risk of sudden cardiac death among young US firefighters[J]. Occup Med, 2014, 64: 428-435.

[18] Lehance C, Binet J, Bury T, et al. Muscular strength, functional performances and injury risk in professional and junior elite soccer players[J]. Scand J MedSci Sports, 2009, 19: 243-251.

[19] Lisman P, O'Connor F G, Deuster P A, et al. Functional movement screen and aerobic fitness predict injuries in military training[J]. Med Sci Sports Exerc, 2013, 45: 636-643.

[20] McMaster D T, Gill N, Cronin J, et al. A brief review of strength and ballistic assessment methodologies in sport[J]. Sports Med, 2014, 44: 603-623.

[21] Myer G D, Kushner A M, Brent J L, et al. The back squat: A proposed assess-ment of functional deficits and technical factors that limit performance[J]. Strength Cond J, 2014, 36: 4-27.

[22] National Strength and Conditioning Association. Strength & conditioning professional standards and guidelines[J]. 2009.

[23] American College of Sports Medicine (ACSM). ACSM's Guidelines for Exercise Testing and Prescription[M]. 9th ed. Philadelphia: Lippincott Williams & Wilkins, 2014.

[24] Ashor A W, Lara J, Siervo M, et al. Exercise modalities and endothelial function: a systematic review and dose-response meta-analysis of randomized controlled trials[J]. Sports Med, 2015, 45(2): 279-296.

[25] Åstrand P-O, Rodahl K, Dahl H A, et al. Textbook of Work Physiology: Physiological Bases of Exercise[M]. 4th ed. Champaign, IL: Human Kinetics, 2003.

[26] Bunt J C. Hormonal alterations due to exercise[J]. Sports Med, 1986, 3(5): 331-345.

[27] Convertino V A, Brock P J, Keil L C, et al. Exercise training-induced hypervolemia: role of plasma albumin, renin, and vasopressin[J]. J Appl Physiol 1980, 48(4): 665-669.

[28] Davies, CTM. Limitations to the prediction of maximum oxygen intake from cardiac frequency measurements[J]. J Appl Physiol, 1968, 24(5): 700-706.

[29] Effron M B. Effects of resistance training on left ventricular function[J]. Med Sci Sports Exerc, 1989, 21: 694-697.

[30] Fleck S J, Kraemer W J. Designing Resistance Training Programs[M]. 4th ed. Champaign, IL: Human Kinetics, 2014.

[31] Brenner H R, Falls D L. Neuromuscular junction: neuronal regulation of gene transcription at the vertebrate[J]. In Developmental Neurobiology. Lemke, G, ed. Burlington, MA: Pearson, 2009, 544-552.

[32] Deschenes M R, Leathrum C M. Gender specific neuromuscular adaptations to unloading in isolated rat soleus muscles[J]. Muscle Nerve (in press), 2016.

[33] Duchateau J, Semmler J G, Enoka R M. Training adaptations in the behavior of human motor units[M]. JAppl Physiol, 2006, 101: 1766-1775.

[34] Franzini-Armstrong C, Jorgensen A O. Structure and development of EC coupling units in skeletal muscle[J]. Ann Rev Physiol, 1994, 56: 509-534.

[35] Guadalupe-Grau A, Fuentes T, Guerra B, et al. Exercise and bone mass in adults[J]. Sports Med, 2009, 39: 439-468.

[36] Hamill J, Knutzen K M. Biomechanical Basis of Human Movement[M]. 2nd ed. Baltimore: Lippincott Williams & Wilkins, 3-103, 2009.

[37] Harwood B, Choi I, Rice C L. Reduced motor unit discharge rates of maximal velocity dynamic contractions in response to a submaximal dynamic fatigue protocol[J]. J Appl Physiol, 2012, 113: 1821-1830.

[38] Burke L M, Collier G R, Hargreaves M. Muscle glycogen storage after prolonged exercise: effect of the glycemic index of carbohydrate feedings[J]. J Appl Physiol, 1993, 75: 1019-1023.

[39] Burke L M, Claassen A, Hawley J A, et al. Carbohydrate intake during prolonged cycling mini-mizes effect of glycemic index of preexercise meal[J]. J Appl Physiol, 1998, 85: 2220-2226.

[40] Burke L M, Collier G R, Broad E M, et al. Effect of alcohol intake on muscle glycogen storage after prolonged exercise[J]. J Appl Physiol, 2003, 95: 983-990.

[41] Hunter J E, Zhang J, Kris-Etherton P M. Cardiovascular disease risk of dietary stearic acid compared with other saturated, and unsaturated fatty acids: a systematic review[J]. Am J Clin Nutr, 2010, 91: 46-63.

[42] Institute of Medicine. Dietary Reference Intakes for calcium and vitamin D[M]. Washington, DC: National Academies Press, 2011.

[43] Institute of Medicine. Dietary Reference Intakes for energy, carbohydrate, fiber, fat, fatty acids, cholesterol, protein, and amino acids[M]. Washington, DC: National Academies Press, 2005.

[44] Institute of Medicine. Dietary Reference Intakes: the essential guide to nutrient requirements[M]. Washington, DC: National Academies Press, 2006.

[45] Beekley M D, Alt J, Buckley C M, et al. Effects of heavy load carriage during constant-speed, simulated, road marching[J]. Mil Med, 2007, 172: 592-595.